你蘇格拉底系的？

跟著蘇格拉底看幸福人生

林真如 著

The wisdom of Socrates

蘇格拉底教你用真理
武裝自己走上幸福路

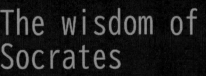

崧燁文化

目錄

序言

蘇格拉底生平

第一章 蘇格拉底的哲學思考

序言

蘇格拉底（約公元前四百六十九年～公元前三百九十九年），著名的古希臘哲學家，他和學生柏拉圖、柏拉圖的學生亞里斯多德並稱為「希臘三哲人」；其中，蘇格拉底被後人廣泛認為是西方哲學的奠基者。

可以說，蘇格拉底是古希臘哲學的一個分水嶺。在他之前，古希臘的哲學家偏重於宇宙起源和萬物本體的研究，對人生並不十分關注；蘇格拉底則擴大了哲學研究的範圍，將焦點引到人的心靈上。他認為：研究物質世界的構造和法則、探索外界事物的本質是必須的，但對於哲學家來說，應該有比樹木、石頭和星辰更有價值的問題，就是心靈問題、道德問題和知識問題，而這些問題和人息息相關。他引用德爾菲阿波羅神廟中鐫刻的神諭呼籲世人：「認識自己。」希望人們能透過對心靈的思考追求德行。

蘇格拉底生活的年代，正是雅典的民主制由於先天的理性缺失而轉為暴政專制的年代。蘇格拉底意識到雅典直接民主制的局限——人民的決定不一定都合乎理性，很可能盲目行事，也往往會意氣用事。由於人們的決策往往建立在個體的感覺、體驗和情緒上，故人多不代表能產生理性、正義和民主。因此基於理性的反省和批判，蘇格拉底反對「無限民主」和「直接民主」，主張「精英民主」。他清楚地看到，如果多數人的統治不被限制，民主的理想就會成為一種新專制權力的依據。多數的無限權威意味著多數的權力濫用，因為一旦多數擁有了無限的權力，那麼任何與多數不相同的見解的個人、或少數弱勢群體的意見，便很難得到尊重和保護。多數可以阻止、隨意否定少數的意見，甚至可以任意處置少數，少數若受到不公正的待遇也無處伸冤；更嚴重的是，多數的無限權威將為冤冤相報的暴行埋下禍根——今天可以任意處置少數人的多數人，明天也有可能成為被另外多數隨意處置的少數人，使社會始終處於一個不穩定狀態。很顯然，蘇格拉底已經超越了古希臘的民主理論，為近代的自由民主理論奠定了基礎。

蘇格拉底是智者，他大膽揚棄前人留下的豐富精神遺產；蘇格拉底是哲人，不媚俗，不屈從，堅持自己認為正確的理念，並為之勇敢奮鬥，直至殉難。

許多有見地的哲學家都認為：蘇格拉底的死影響深遠。因為正是蘇格拉底殉道式的受難，才激起了人們自身的批判和反思，啟發了後來的人們尊重理性，寬容不同觀點。

蘇格拉底生平

公元前四百六十九年，蘇格拉底出生於雅典附近的阿洛佩凱村。蘇格拉底的父親是一名雕刻師，母親是一個接生婆。由於家境貧寒，自懂事開始，蘇格拉底就隨父親學習雕刻，以此在未來謀生。

蘇格拉底天資聰穎，而且特別好學，不久就學會了雕刻；但不幸的是，父親的早逝讓貧寒的家庭陷入危機。幸好有一位好心的雅典人資助了他們，使未成年的蘇格拉底在雕刻之餘有了學習的機會。

這可以說是蘇格拉底人生的轉折，他走出了父親為他設計的圈子，走進了知識的世界。在那段時間裡，蘇格拉底向當時有學問的人求教，閱讀了許多古代哲學家的著作，聆聽當時大哲學家阿那克薩哥拉的講學和詭辯學派的雄辯術。蘇格拉底對詩歌和音樂也有濃厚的興趣，多方面的學習使蘇格拉底的學識極大長進，也使他的人生觀產生了重大的變革。

二十歲時，蘇格拉底師從阿那克薩哥拉的弟子阿爾赫拉於斯，學習自然相關的知識。年輕的蘇格拉底喜歡思考和探索，對許多自然問題都想追根究柢，如一個事物是如何被創造出來，又如何被毀滅；促使人們思考的元素是血，還是空氣或水；地是平的，還是圓的等。對於這些問題，老師都有解答，蘇格拉底卻不甚滿意，試圖解釋又覺得無能為力。因此，蘇格拉底決定放棄對自然的研究。

三十歲時，蘇格拉底把注意力從自然轉移到社會，成為一名不取報酬、也不開設教室的社會道德教師。許多富貴人家和窮人子弟常常聚集在他身邊向他請教，蘇格拉底卻常說：「我只知道自己一無所知。」

蘇格拉底不僅宣傳有德行的生活，而且身體力行；他熱愛祖國，曾先後三次參戰，盡到了保家衛國的職責，甚至曾數次英勇地冒死救援戰友，將受傷的同伴背離戰場。

四十歲時，蘇格拉底成了雅典遠近聞名的人物，並進入了五百人會議（貴族會議被剝奪權力後，雅典城邦實行直接民主制度，公民大會對一切重大問

題投票表決，同時設置了五百人會議，管理港口、軍事設備和其他公共財物，並為議會規劃日程。五百人會議每年抽籤輪換人選。這種業餘人員組成的政府建立在這樣的設想上：一般公民有能力參與城邦事務，能夠以愛國之心履行對城邦的責任）。

生活中，蘇格拉底對人態度誠懇溫和，不自以為是，不好為人師，不強人從己，是一個卓越的教師；他的談話生動活潑，無拘無束，表現出高度的修養，是一位天才演說家。

然而，就是這樣一位傑出的學者、偉大的教育家、熱誠的愛國者，卻在公元前三百九十九年被雅典極端民主政府判處死刑，其罪名是：第一，不信雅典的神，崇奉新神；第二，蠱惑青年。

當時，雅典有這樣一條法律：被判處死刑的人如逃出城邦，可不被追究；如不想流亡，還可用錢贖罪。蘇格拉底的弟子有的勸他遠走他國，有的願代他贖罪，卻都被他拒絕，明確表示自己不會潛逃或贖罪，因為他要用行動維護真理和正義，若苟且偷生即是向邪惡屈服，都是對德行的背叛。

蘇格拉底的赴死，也是最後一次用行動詮釋了何謂善和德。

蘇格拉底死後不久，雅典人才醒悟到他言行的價值，把控告他的一部分人處死，為他平反；應該說，是「誤解和私仇將蘇格拉底推上法庭」。黑格爾則認為：蘇格拉底的死，是「雅典的悲劇，希臘的悲劇」。

第一章 蘇格拉底的哲學思考

蘇格拉底是哲學史上的里程碑，他奠定了實用哲學，開闢了全新的領域。

▌一、哲學領域中蘇格拉底與柏拉圖的關係

蘇格拉底與柏拉圖的關係已經被爭論了千年，仍舊莫衷一是；而若我們將兩人的觀點一一排列，也許能找到一些線索。

1・柏拉圖對話錄的歷史真實性

我們知道，蘇格拉底是柏拉圖的老師，而柏拉圖哲學家的身分已被確立了很長一段時間。柏拉圖是古希臘哲學史上承先啟後的人物，是古希臘哲學史上最重要的代表之一；而蘇格拉底曾被這樣一位偉大的哲學家極力推崇，他的歷史重要性可想而知。而柏拉圖對老師之死的描述，使人們看清蘇格拉底沒有任何政治立場，更慨嘆與折服於蘇格拉底高尚的人格，他的形象無疑已經籠罩上了一層道德與倫理的「聖光」，成為人們心目中的道德典範。

然而，對於任何事，任何人，在我們都認為確實如此的時候，還是會出現一些不同的聲音。一些學者、哲學史專家對這個傳統的蘇格拉底形象提出了質疑，於是出現了很多懷疑蘇格拉底其人其事的著作，試圖考證分析他的一生。

蘇格拉底沒有留下任何著作。他認為與其留下文字，還不如直接傳授同時代的人們知識，再由他們繼續傳給後世。這為考證蘇格拉底增加了難度，因為我們只能從古人的記述中尋找相關史料，而其中最簡單、最直接的方法，無疑是研究學生柏拉圖的著作。

可是，關於蘇格拉底和柏拉圖具體學說上的關係，很早就已產生了分歧。從某些方面來看：蘇格拉底有柏拉圖這樣一個同樣富有智慧、在哲學方面有極深造詣的學生，卻是非常不幸。因為人們可能把一切成就，甚至創造性都歸結到柏拉圖身上，結果徒弟成為哲學史上分水嶺般的人物，老師卻成了莫衷一是的爭論對象。但這件事的責任並不在柏拉圖，他對老師一直十分崇敬

和虔誠，甚至《對話錄》中大部分都是以蘇格拉底為發言人。但即使這樣，人們還是會認為，那些都是柏拉圖的主張，只是藉老師之口說出。如此，人們對《對話錄》的真實性也產生了懷疑。

柏拉圖的著作都幸運地有被保存下來，西方學者在長期的考證後，基本上達成了一致的觀點：包括〈申辯〉篇在內的二十六篇對話是真的，而十二封信中只有七封被認為是真的。

柏拉圖早年曾試圖在政壇出人頭地，以實踐蘇格拉底的政治主張；但他政治之路坎坷，心灰意冷之餘，又立志著書。柏拉圖二十歲師從蘇格拉底，當時是公元前四百零九年，直到公元前三百九十九年蘇格底被處死，柏拉圖將二十年中豐富的所見所聞與對話，一一記錄。這本是合情合理的事，何況在老師去世後，這份記錄又有了一層紀念意義。這種記錄不是當場速記，也不是即時追記，而是多年後憑記憶的補記，有些甚至是由別人轉述而來，其中如果有不準確的地方也非常正，而他按照自己的理解所補充的也一定非常多，但柏拉圖論述的真誠性與蘇格拉底智慧的真實性，是無庸置疑的。而且，既然《對話錄》是研究蘇格拉底最重要的依據，更不必懷疑它。

亞里斯多德固然也糾正過一些說法，並強調有兩件事應歸結於蘇格拉底的名下：歸納性的論證和普遍性的定義。但這是否就意味著，其他都不是蘇格拉底的思想？當然不是。事實上，亞里斯多德還曾研究過蘇格拉底的其他思想，而且都可以從柏拉圖的著作中得到印證。

當然，反對者們或許還可以舉出一些事實懷疑蘇格拉底，但既然在這個問題上莫衷一是，與其在懷疑的迷霧中胡亂摸索，倒不如回到當初最平實的立場，基本肯定《對話錄》及蘇格拉底相關記載的真實性。

對於蘇格拉底和柏拉圖在哲學上的關係，我們的基本看法是：蘇格拉底的主要學說觀點，都在柏拉圖的著作中。柏拉圖的思想是蘇格拉底思想的繼承與延伸，而兩人的思想雖有著密切的連繫，但仍可以區分。而這種區分的依據，同樣在柏拉圖的著作中。

2‧柏拉圖著作中的蘇格拉底

求知的慾望和對真理的探索，讓我們迫切想區分蘇格拉底和柏拉圖的學說，而首先就要從瞭解柏拉圖著作中，蘇格拉底的形象開始。

我們知道：在柏拉圖的《對話錄》中，很大一部分是以蘇格拉底為主角，以蘇格拉底與別人對話的方式闡述自己的觀點。這包括早期的全部對話，給蘇格拉底的肯定者提供了一個可靠的證據：至少在早期對話中，蘇格拉底是真實出現；但在〈巴門尼德〉篇中，情況就產生了變化。

在〈巴門尼德〉篇中，主要發言人是伊利亞學派的哲學大師巴門尼德，而不是蘇格拉底。篇中曾有過明確的描寫：當時巴門尼德六十多歲，芝諾四十多歲，而蘇格拉底只有二十多歲。該篇的第一部分涉及了亞里斯多德的一些問題，而最重要的，是批評了蘇格拉底的唯心論，揭示了它的矛盾；第二部分又揭示了伊利亞學派的基本主張──「萬物歸一」的內在矛盾。該如何從史料的角度理解〈巴門尼德〉篇的意義？

在我們研究這篇對話時，會遇到諸如「當時蘇格拉底太年輕，不可能有如此成熟的唯心論」等矛盾困難，這點對肯定柏拉圖對話錄的真實性非常不利。所以許多哲學史研究家，都未能明確地討論這個問題。既然這樣，我們不妨從另一個角度，假設性地探索〈巴門尼德〉篇的歷史真實性。

我們可以作一個大膽的假設：假設否定派的觀點正確，那麼也出現了一個問題：柏拉圖為什麼要用老師的名字發表意見，使自己的主張變得難以捉摸？而這一點，同樣在解釋〈巴門尼德〉篇時能有所體現。

假如柏拉圖在寫這篇對話時觀念已轉變，放棄了蘇格拉底的唯心論，而轉向畢達哥拉斯學派和伊利亞學派，因此選擇巴門尼德做為新代言人，那麼該篇第二部分出現的巴門尼德，對自身學說的自我檢討，又作何解釋？無論該篇的第二部分到底想說明什麼，柏拉圖如此隱諱的表現自己思想的轉變，總使人百思不得其解。同時，如果承認柏拉圖的〈巴門尼德〉代表著他的思想變革，就意味著他曾堅信「唯心論」，不也是為此前以蘇格拉底為主的對話篇，增加了真實性？顯而易見，如果對否定派的說法全盤接納，最終也會

出現矛盾。而若假設，柏拉圖以前的思想傾向於蘇格拉底，而後改而轉向巴門尼德等人，或不再選用「代言人」的方式，這種觀點是否站得住腳？事實上，〈巴門尼德〉篇的同時或以後，以〈泰阿泰德〉篇及〈理想國〉篇為代表，並沒有什麼改變的痕跡，仍是以蘇格拉底為「代言人」。因此，這種假設也被推翻。

關於〈巴門尼德〉篇，又出現了莫衷一是的情況。我們認為，與其總是大膽懷疑，製造許多混亂和困難，不如回到最平易樸實的觀點，承認〈巴門尼德〉篇的歷史真實性。

從〈巴門尼德〉篇的原文中我們知道：芝諾隨巴門尼德訪問雅典，其間宣讀了一篇維護巴門尼德觀點的論文。當時，年輕的蘇格拉底以為芝諾會發表新觀點，但當他發現全是巴門尼德的思想時，馬上提出了自己的理論與之討論，芝諾也承認這個年輕人的目光敏銳。其實，對於伊利亞學派，蘇格拉底並不瞭解，而芝諾本就是巴門尼德的辯護者，由他指出反對者的矛盾，正能確立巴門尼德的觀點。而後來巴門尼德親自指出蘇格拉底的錯誤，也沒有什麼不合理之處——因為當時蘇格拉底還年輕，主張及思想肯定有不足之處；但相對於他的年齡，主張又未免過於成熟，幾乎與他成熟時一樣。這點，也是因為柏拉圖憑藉的是自己熟悉的蘇格拉底，但也不會影響歷史真實性。

總之，我們還是很願意平實地承認：當時巴門德尼是以哲學界前輩的身分，教導年輕的蘇格拉底。因為蘇格拉底有著被巴門德尼欣賞的、與其年齡不符的聰明才智，但同時也存在思想不夠深刻的地方。

蘇格拉底對這次會面非常重視，因為這對年輕的他來說無疑意義非凡。後來他也多次表示了對巴門尼德由衷的尊重和敬佩，而這些柏拉圖都有記錄下來，故在後來的篇幅中，也有蘇格拉底對這次會面的美好回憶。有人也許會說：如果這次會面是真的，那它必將被載入史冊；可史書中卻沒有相關記載，所以這件事並不是真的。其實，整件事已經由柏拉圖載入哲學的史冊，只是那些反對者心存成見，不願承認罷了。

可以看出：〈巴門尼德〉篇並不僅僅是記述兩位偉大的哲學家，還與柏拉圖的理論變化有關。在這個觀點上，我們應該吸納一些反對者的意見，即

柏拉圖也想記錄自己的思想變化。但無論如何，都不該懷疑〈巴門尼德〉篇的真實性及實際意義。

3‧對蘇格拉底和柏拉圖的區分

蘇格拉底的地位總是有些特殊，雖然他在歐洲哲學史上聲名顯赫，但在學術界的地位總是無法被確定。有學者企圖從各種記載中為蘇格拉底冠上一個學術稱號，卻又產生許多的分歧；問題的關鍵，還是柏拉圖《對話錄》的真實性。

否定派大都認為：蘇格拉底並不是什麼哲學家，頂多是一個政治人物；而肯定派則都認為，蘇格拉底是個哲學家，柏拉圖延承並發揚了他的思想，而我們當然不同意前者的看法。在考察柏拉圖、色諾芬這些同時代後輩的記述，或阿里斯托芬的喜劇形象，或後來的亞里斯多德、第歐根尼的論述後，我們認為：蘇格拉底無庸置疑是一個偉大的哲學家。他研討的問題皆關乎世界、人生、幸福等根本問題，並非僅僅參與政治活動。

但我們也不難看出：肯定派的觀點過於淺顯，在肯定蘇格拉底哲學家的身分後，卻未進一步清楚劃分他和柏拉圖思想的界限。

我們知道，蘇格拉底創立了一個新學派，而柏拉圖將這個學派發揚光大，準確地說，這是一場變革。而如果仔細探究，我們應該把基本理論變革歸功於蘇格拉底，而將具體展開歸功於柏拉圖。然而，蘇格拉底究竟如何開始了這場變革，而柏拉圖又是如何完善了這個變革？大多數人的看法是：蘇格拉底的學說主要在倫理學方面；而柏拉圖的哲學則具有多方的意義。

這個看法的主要依據，是亞里斯多德的著作。亞里斯多德得的作品是研究蘇格拉底與柏拉圖哲學思想的重要材料，貢帕爾茨曾評述道：「亞里斯多德距離蘇格拉底既不太近，又不太遠，其著作是一個平衡儀，可以作為研究的重要依據。」在其心目中，蘇格拉底主要側重倫理學，並從此方面提出自己的新哲學原則，他在敘述蘇格拉底從前的哲學史時說：「蘇格拉底不研究物理世界，而研究倫理世界，他在這個領域尋求普遍性，並首先提出定義的問題。」第歐根尼在談及幾個古代哲學的組成部分時指出：古物理學在阿開

勞斯時期最為繁榮，而辯證法則在伊利亞的芝諾時代最為繁榮。這個說法當然是依據亞里斯多德，因為其認為芝諾是辯證法的創始者，可見古人對這些問題的看法一致。

在第歐根尼所說的哲學三方面中，物理學由阿那克薩哥拉從雅典傳給了阿開勞斯，在雅典學術圈內已有幾十年根基；倫理學由蘇格拉底提出，是雅典的本土科學，但因是新興的，並不成熟；辯證法由伊利亞學派創立，而巴門尼德、芝諾訪問雅典，影響蘇格拉底將倫理學與辯證法結合。也就是說，巴門尼德的辯證法催化了蘇格拉底的倫理學，從入世現象的矛盾轉向道德本質矛盾，但伊利亞學派的辯證法與其物理學結合，其主要目標是「存在」，而蘇格拉底否認這一點，他哲學思想的改變，正是由於認為物理世界是最後的原因，最後的存在無法窮究。

因此，蘇格拉底轉而追求事物的內在與人與人的關係。他這個觀點的基本路線受到柏拉圖的肯定，但柏拉圖經過多次的政治失敗後，便向更加思辯的方向發展。這樣，柏拉圖一面堅守蘇格拉底的道德、國家、法律等思想，一面又把蘇格拉底的哲學原則指向物理的、存在的領域。

在柏拉圖的《對話錄》中，著重探討「存在」的是〈智者〉篇，是一篇富有哲理性的深刻對話，但在這篇對話中，蘇格拉底只是個聽眾。由此可見，柏拉圖此時的思想，已超過蘇格拉底主要的哲學範圍。

知識論是蘇格拉底與柏拉圖的共同研究領域，不同的是，蘇格拉底認為這個真理的最後依據在倫理與道德中，在「善」的目的中；而柏拉圖則回歸伊利亞學派的立場，以萬物本源的「存在」為出發點。

由此，蔡勤指出：蘇格拉底的方法還無法發展為一個絕對的知識體系，因其還不夠成熟；只有到了柏拉圖，這種蘇格拉底式的主體原則才成為客體存在。

從柏拉圖的《對話錄》中，可以看出從蘇格拉底到柏拉圖的發展輪廓，對照來看，其觀念大體一致，蘇格拉底的倫理學也是透過柏拉圖才得以發揚光大。

▋二、由「自然」到「自我」來認識自己

　　「自知」、「毋過」應是先賢們教人謙虛謹慎，量力而行，不要貪得無厭的道德格言。蘇格拉底為了將這兩個格言提升到哲學的高度，把重點放在「自知」上，因為如果基於一般的道德格言，「自知」就是為了「毋過」，只有「自知」才能「毋過」，「自知」是「毋過」的根本，所以蘇格拉底選擇了「自知」作為哲學的立足點。蘇格拉底認為，「自知」不僅體現在道德方面，更體現在知識方面，不僅告誡普通人，更是對自然哲學家們的警示。

1 · 蘇格拉底哲學產生的歷史背景

　　古希臘文化是歐洲文明的搖籃，在醞釀歐洲文化的最初形態時它已初顯規模。也就是說，世界上所有文化在跨出第一步時，就已顯示了大致的發展方向，孕育了成熟期的基本特點；而以希臘為起點的歐洲文化，最初階段也顯示了自己的特點，這個特點集中表現在由原始神的世界觀，發展為宇宙論的自然哲學的世界觀，也就是前蘇格拉底的世界觀，這一世界觀的特點，是探索宇宙具體的「始基」。

　　米利都學派用物質性的「水」作為萬物本源，與傳統神話體系對立，是里程碑性的創見，而這種認知方向上的根本轉變，意義十分重大。

　　此種變革，還需進一步確立其思想上的意義，它把先前以幻想為基礎的「物質論」思想，轉變為對自然界冷靜、客觀的觀察分析，即如同把一種「天人合一」的境界轉為「天」、「人」、「物」、「我」各自獨立的境界。米利都學派跨出的這一步，對於歐洲哲學及文化結構特點有決定性的意義，也就是說，米利都學派奠定了自然科學的思維模式，此模式在後來歐洲的思想發展中占主導地位。

　　思維方式的轉變，無疑是人類思想上一個偉大進步；但與歷史發展一樣，思想發展史也是曲折而艱辛。

　　其被亞里斯多德譽為「自然哲學家」的宇宙發生論，以觀察為主要手段。他們靜觀宇宙之變，找出此種變化的最初本源，來解釋萬物生成，後世稱他

們的學說是「描述性」的敘述；固然，我們無法肯定他們的思維是否有特殊的邏輯，但表現方式卻是「宣稱式」的，即後世所稱的「獨斷式」，即使是阿那克西曼德的「無定」，也同樣是源於對「水」——這一萬物本源的描述。

古代與米利都學派對應的南義大利學派，其科學是由邏輯推演而發展，雖然亞里斯多德並沒有把這個學派列入他的「自然哲學家」中，但如考慮亞里斯多德的「自然哲學」只包括「物理學」、「數學」，這些廣義上來講也屬於自然科學的話，那麼我們也可以把南義大利學派的學說，歸於前蘇格拉底學派之「自然哲學」範疇中。

「邏輯的」方法在伊利亞學派有了進一步的發展。伊利亞學派不僅發展了邏輯推理方法，並由此來論證他們的哲學思想，且將南義大利學派的數學推演方法與米利都學派的觀察法結合，一方面把「觀察」轉化為「抽象」，把物質始基抽象為「存在」；另一方面用數學方法，解決「一」與「多」的矛盾，使「觀察」與「邏輯」、「感性」與「理性」成為科學思想的兩大支柱。此為伊利亞學派在哲學史上的重要貢獻之一，而歐洲哲學思想從古代的「萬物歸一」，到近代康德的「先天綜合判斷」，再到現代維根斯坦早期語言構象說，都是基於這一思想而延伸。

然而在古代，這兩種思維的關係並非如此健全、無懈可擊，而有著內在的先天矛盾。即當「始基」進一步擺脫幻想成份，與邏輯推理相結合時，矛盾就此產生。而矛盾集中體現在「有限」與「無限」兩個方面，即邏輯推理與觀察方法在「有限」、「無限」上的討論。也就是說，無論以什麼作為「始基」，都帶有宣稱與獨斷的意義。此矛盾對於兩派哲學而言都極為致命，阻礙了哲學思想發展。

後世認為，早期希臘自然哲學所遇到的問題，正是蘇格拉底理論的困難，也正是他思想轉變的主要原因。

蘇格拉底在早期自然哲學的範疇中並未找到滿意的答案，其問題具有普遍而典型的意義。表面上看，自然哲學家所說人的身體由血肉組成，血肉由小血、小肉組成，好像是唯一正確的答案；但此答案，卻由內部產生了不可

調和的矛盾，這反映在學派上，在早期階段，有赫拉克利特學派與伊利亞學派在思想上的對應。

這兩個學派為了使自己的學說符合當時的「常識」，米利都學派成員、古希臘哲學家赫拉克利特提出了「邏各斯」，作為變化的尺度；而伊利亞學派代表人物巴門尼德，則提出了「一」，作為事實與邏輯不可分的始基，以永恆不變的「真理」區別前者的「意義」。這兩個學派在哲學思想發展史上都有不可磨滅的功績，但仍尚未脫離古代自然哲學的樸素階段，「變」與「無限分割」的陰影仍籠罩當時的哲學領域。

但問題也正源於此，因為無論多麼細小的微粒，還是可以再區分；而無論多麼精確的「尺度」，也無法窮盡大千世界。但人們卻總是想追求一種確定的、令人信服的真正知識。

用蘇格拉底自己的話說：自然界的因果關係無窮無盡，何處是始基，哪裡是哲學家的出發點與歸宿，這些是當時哲學不可迴避的問題。

不僅如此，就當時的自然科學知識來看，尚十分原始樸素，這主要取決於當時的歷史條件。早期的希臘哲學家為後來歐洲的自然科學發展奠定了基礎，但因為當時條件有限，還沒有後世自然科學的理論與實驗工具，他們的觀察常帶有極大的「想像」成分，因此他們的某些學說，往往不需要學習很久就會被懷疑，甚至被推翻，這也是伊利亞學派和米利都學派裹足不前的原因。

對於普通的自然現象，還可以被普遍大眾所懷疑，所以多數自然哲學家對「天體」這一遙遠的領域抱有極大的興趣，因為這一領域不易馬上被實驗檢驗，從而能保持學派的主張較久，因而古代哲學最初的產生，並不是從身邊的現象開始，而是從遙遠的天體。當然，有鑒於當時南義大利學派掌握並倡導的數學知識，不足以勝任複雜的天體計算，所以當時的「天體」探索並未被推廣。當然，其中也充滿了艱辛與苦澀，自然因果的不可窮盡性與早期自然哲學家的各種實例，向人們揭示了一種觀念：窮盡一切因果與知識，只有「神」辦得到，而人只能永遠追求這一目標；可是，在當時蘇格拉底的思想中，已有了「全智」的「智慧」與「愛智」。

從文獻可知，當時希臘人一般認為，神並非全知全能；蘇格拉底卻稱神為「全知」，而人們要探究只有神知道的全部奧祕，必將引起神的憤怒。在這裡，蘇格拉底並不是在宗教的意義上否定自然哲學家的成果；也不是主張懷疑說，提倡自然根本不可知。蘇格拉底心中的問題是：為什麼自然的因果不可窮盡？

阿那克薩哥拉提出的「心」曾令蘇格拉底非常振奮，以為「萬物」終於「歸一」，這個「一」就是宇宙的「秩序」，「萬物歸一」實為「萬物歸心」，便可一勞永逸的回答一切問題；但在蘇格拉底看來，阿那克薩哥拉並沒把他提出的「奴斯」（心）完全貫徹。於是，蘇格拉底決定把阿那克薩哥拉基於「心」的思想原則堅持到底，從而形成一個新的哲學體系，這是一個方向上的根本改變。

阻礙早期自然哲學家前進的原因，並不是出於懶惰，而在於錯誤的探索方向，而方向上的錯誤並不能用汗水與心力彌補。人們在自然中尋求卻無從得知，因自然的無窮盡性，「原因」無窮，答案也無從知曉；而其實，這個「果」並不必求諸外界，它就在每個人身上。

此種方向上的改變，被古人稱作「把哲學還於大眾」，這個說法來自斯多噶學派的潘涅修斯，而羅馬時期的西賽羅也對這個改變了有大量精闢的概括。

「天」、「人」是哲學思考的兩個重要方面，「天」是指自然萬物，「人」則指社會關係，而古希臘曾有從「天」到「人」的轉變。

2·「認識你自己」——德爾菲神廟的神諭

德爾菲位於科林斯灣北岸的費契斯，自公元前六世紀初期，由於首次在那裡舉行了泛希臘區地峽運動會以後，便成為全希臘頗有名氣的地方。這個小城是當時希臘最繁華的地區之一，各城邦包括雅典在內，都在這裡設有自己的金庫；而這個小城的名氣，又與德爾菲的阿波羅神諭分不開。

德爾菲靠著宗教活動發展起來，阿波羅神廟裡有一批祭司，還有在阿波羅神廟傳道的神職人員「皮媞亞」。這些神職人員會定期舉行儀式，接受朝

拜者的求問，在廟院的水泉霧氣中，「皮媞亞」會居於三足鼎上，以曖昧晦澀的言語或詩預言未來，這些預言，不僅有個人瑣事，甚至包括政治、經濟、軍事方面的國家大事。所以現代研究者普遍認為：定有大批相當有學識、消息靈通的祭司在其中，這個神廟匯集了相當多的智者，因此與當時希臘的哲學頭腦——蘇格拉底有相當關係，也就不足為怪。

據說這個神廟的牆上有一些銘文，最著名的兩條就是「自知」與「毋過」，而兩者意義不可分割。

「自知」、「毋過」應是先賢教人謙虛謹慎，量力而行，不要貪得無厭的道德格言，其中蘊含著中庸的思想，並警示先哲以理智克服情慾。第歐根尼說，「自知」這一思想來自於泰利斯，當泰利斯被問及何為最困難時，他說「自知最難」；而拉修斯說，這便是德爾菲神廟銘文的來源，「毋過」則出自梭倫或契羅。

蘇格拉底在此強調，古代先賢都仰慕斯巴達的哲學文化，帶有濃重的以古諷今意味。因為，雖然斯巴達在戰爭領域的精神青史留名，但不可否認，斯巴達文化無論在物質或精神方面，都沒有什麼突出的地方；文化哲學方面，除了契羅較有名氣外，也沒有什麼大哲學家，就更不用說對後世的影響了。

德爾菲雖處於多利安人的領地，但如果瞭解當時的希臘背景——宗教活動具有全希臘性質，便不難推測出，當時的神廟內應匯集了全希臘的人才。而蘇格拉底之所以強調斯巴達人的傳統智慧，應是看著當時雅典向奴隸主民主制蛻變，湧起一股對原始集體精神的緬懷；而與當時雅典的個人精神不同，斯巴達更多地保存了集體主義精神，而「自知」與「毋過」也是基於個人，在社會共同體中體現。

當然，蘇格拉底的創新，不僅在於倫理學上發展了先賢「自知」、「毋過」的品德，更在於他將二者哲學化，成為一種準則。

蘇格拉底為了把這兩個格言提升到哲學的高度，把重點放在了「自知」上。因為基於一般的道德格言，「自知」就是為了「毋過」，只有「自知」

才能「毋過」，「自知」是「毋過」的根本，所以蘇格拉底選擇了「自知」作為哲學的立足點。

「自知」本有自制的意思，蘇格拉底以其來解釋德爾菲的銘文，在與蘇格拉底討論時，克里底亞承認說：「『自我的知識』就是『自制』的本質，這樣的話，我也和在德爾菲刻銘的人有同樣的觀點了。」之後，蘇格拉底又把「自制」、「自知」與「理智」、「智慧」、「知識」連繫起來。於是「自知」不僅有倫理學的意義，也有了知識論、哲學上的意義。

且蘇格拉底認為，「自知」不僅體現在道德方面，更體現在知識方面。它不僅告誡普通人，更是對自然哲學家們的警示。蘇格拉底認為，應該正確地對待傳統知識，並把實踐理論、思辯理性、道德哲學和知識論統一，立足於實踐理性的道德哲學，尋求一種永恆的哲學真理。

3・對智慧、真理的不斷探索

我們把蘇格拉底的哲學特點概括為廣義的「自然哲學」，而在這種以自然為始、從中尋求「始基」的哲學思想中，又有兩種派別：一個是以米利都學派為代表，在自然中尋求「始基」；另一個則是以南義大利學派為代表，在自然的量、比例與「邏各斯」中尋求萬物本源，形成了物理學與數學這兩大學派。而從當時的歷史背景看，米利都學派因為側重於物理現象的研究而占主導地位，南義大利學派則長期處於祕密團體狀態——後世認為，蘇格拉底的死因應與這個祕密組織有不可分割的關係。

米利都學派發展到蘇格拉底時期，以阿那克薩哥拉與原子論為代表，由泰利斯開始，固執於具體的感性世界，由一元論到後期的多元論，藉此尋求萬物的本源，即亞里斯多德後來提及的「第一原理」。但在赫拉克利特的哲學思想中已指出：世間萬物皆處於永無休止的變化中，而哲學所尋求的是可靠、確定的知識，是對第一原理的知識，即真理。

真理是人類的永恆追求，也是哲學的根本任務。而古希臘雖然正處於哲學的萌芽階段，但也在變化的感官世界中找尋確定、永恆的本質，而對於世間萬物本源的認識，也就是對真理的掌握。

　　傳統的知識成了根本問題，首先應理解「知識」本身、從「自然」到「自我」、對自然的具體知識到其本身，這也是為什麼在蘇格拉底的哲學中，「知識」是一個核心的問題。

　　變化的感官世界如何與「知識」一致，既然古人說「一」生「萬物」，且衍生的萬物無從捕捉，那麼確定性的知識只能由「萬物」歸「一」這一方向尋求。由此可見：「自我」不能從「自然」中得到真理。那自然的真理必在「自我」之中。

　　許多研究者提出：蘇格拉底的問題可概括為「……是什麼？」，代表蘇格拉底從邏輯概念探討各種範疇的意義，此種「意義」是事物的本質，並且永恆不變，而若能把握住意義，也就是把握住了真理。

　　當然，蘇格拉底還面臨著一種事實上的因果關係，但事實的因果關係無窮，無法在其中找到初始的原因。

　　「目的」是事物進行的實際原因，也是事物的最後結果，是事物之所以成為其本身的理由。蘇格拉底的「目的」、「善」，並不像辯士那樣感覺式的符合，而是事物客觀、本質的目的，即其所謂「美德」。這種目的屬於主體、自我，因而與人相關，卻不是感性，而是理智，因為感覺只是自然的一部分，只有理性的自我，才是這個目的的起始。

　　在蘇格拉底的哲學思想中，目的與價值占有核心地位，也形成了唯物主義與唯心主義兩大陣營的對立，宣告了古代唯心主義派別以成熟的形式，脫離了樸素的唯物主義，並與之針鋒相對。

▌三、兩大陣營對立，精神與物質再分化

　　精神與物質的分化，如何使唯物主義與唯心主義對立？蘇格拉底何去何從？第一原理又是什麼？蘇格拉底關於「靈魂」的觀念又產生了怎樣的變革？

1・兩大陣營的歷史發展及第一原理

尋求萬物之本源，探索生活之真諦，是人類思維的必然趨勢，也可以視為人類思維的本質。這是一種追求本源的精神，人類的初始正是依靠這種精神，才克服了一個個巨大的災難，在自然探索的階梯上不斷攀登；然而，這個階梯卻是永無止境。所謂「本源」、「真諦」，始終是一個追求的目標，而對其本身的認識，形成了專門的、滲透所有方面的學科：哲學。所以，我們研究前蘇格拉底哲學時已經說過：「始基」問題的提出，正是哲學意識的開始。

但是，根據對早期希臘哲學的研究應指出：整個歐洲哲學在初始階段，就有先天的局限性。即從一開始，他們就把「始基」當作具體的「物件」對待，試圖在萬物中找出一個具體的事物作為萬物本源。人類思維的本性促使其探索，認識這個「始基」；但希臘民族的歷史特點，使人們習慣於狹小、有限的範圍，小國寡民的社會政治特點，令他們注重個人的感覺與經驗，重視可見之物，所以一開始就出現了研究方法和提出問題不相容的困難。

在早期的希臘哲學中，自然哲學家使用的方法和自然科學家的方法沒有太大區別；但他們要探討的問題，卻是在自然界中找不到的「本源」與「始基」。我們認為：此問題與研究方法的矛盾，貫徹了歐洲哲學始終，直到現代歐洲各哲學學派，仍不能說已完全排除了這個矛盾。有的哲學家，企圖犧牲「問題」推行「方法」，或以非概念的方法探討「問題」；但前者逃避社會人生的問題，取消哲學本身，後者則以晦澀的語言和極端的個人思想使問題本身神祕化。

事實上，早期的希臘哲學，是以唯物主義解決基本的哲學問題，即第一原理，雖然形式相當原始。我們在研究這一階段哲學時曾說過：在脫離原始神話後，古希臘哲學的第一形態是唯物主義，而此種萬物主義精神，基本貫串了前蘇格拉底時期。從米利都學派的「水」，以及由此來的「有定」、「邏各斯」、「數」，到伊利亞學派的「一」，經過恩培多克勒、阿那克薩哥拉的「多」，到德謨克利特的「原子」，是古代唯物主義哲學思想的發展線索。

　　當然，這並不是說，在這一階段沒有唯心主義哲學思想；相反，在我們看來：唯心主義同樣與哲學意識俱生，因而是哲學或其意識中，不可避免、必然產生的一種觀念。

　　哲學意識既起源於對第一原理的探索，而古代的探索方法又不能充分與此問題本身相容，那麼對於問題的解答，就不可能像具體自然現象的回答一樣，在充分研究後只允許唯一答案。而對哲學基本問題的回答，儘管可以有歷史與現實的各種形態，各形態間又可有多種交叉關係，但歸根結底卻肯定只有兩種答案，即唯物主義與唯心主義。

　　如果我們把唯物主義與唯心主義的對立，嚴格限制於基本哲學問題，那麼此種對立的必然性就不難理解。既然哲學要尋找萬物本源、試圖在無窮的原因中尋求第一原理，那麼對於這個，需要人類在無限的認識過程中完成的對象，無論多麼具體的學說和理論體系，都不可能窮盡真理，因而總是會被對立的哲學體系找到不足的地方。哲學的基本問題在歷史上有著不同的形態，如早期的「始基」，伊利亞學派的「存在」，亞里斯多德的「第一原理」，十七世紀的「實體」等，但就問題核心而言是統一的；而且在人類最初提出這個問題時，總想「一勞永逸」地宣布，已認識、掌握了這個「本源」。

　　這樣一個矛盾，在早期哲學方法從觀察過渡到推理時，就已經非常突出。伊利亞學派所揭示「可分性」與「不可分性」的矛盾，是早期樸素的唯物主義哲學難以逃避的困境；而正是在這個問題上，古代唯心主義作了突破，從而發展起自己的體系。

　　概括而言，早期希臘樸素的世界觀，是一種「微粒世界觀」，此種世界觀的產生也許能與原始的進化觀相聯。米利都學派的「水」，是一種具有與「水」、「氣」相似屬性的粒子，可以化為萬物。古代樸素的自然哲學對「本源」的認識，經過了一個漫長的探索過程，他們的經驗表明了：要在感性的世界觀中找到此種具體、物質的微粒，並把它「規定」為萬物本源，無論在事實或推理上都不可行。

為了擺脫此種理論困境，人們設法在物質世界以外的領域中尋找世界的本源，這就是關於「精神實體」意識的產生。在我們看來，古代唯心主義學說的產生，一方面有其社會歷史及階級根源，也有學術上深刻的原因。

如果早期自然哲學的路線，沒有蘇格拉底改變方向，那麼早期哲學中的唯心主義仍處於萌芽階段。兩種世界觀與哲學學說對立的真正標誌，由蘇格拉底所樹立。如果考慮到唯心主義的確有自己的孕育階段，就可以把蘇格拉底的哲學，稱為古代唯心主義哲學的建成哲學。

2・關於「靈魂」觀念的發展及蘇格拉底的變革

在古人的原始觀察中，有個顯著的經驗事實：世界上有的東西是「死的」，有的東西是「活的」。這一區別對有意識、有思想的人來說之所以如此重大，甚至如此觸目驚心，是因為「活」與「死」之間的轉化，將令人不可避免地失去，乃至自我本身；應注意的是，在自然條件困難的原始時代，人類努力的目的就是為了保存自我，繼續存活，於是在努力抗爭中，原始人心中出現了探求「活」與「死」區別的問題。在某種意義上，這是人類遇到的首個重大理論問題。

「靈魂」一詞，源於動詞「呼吸」，與古代各民族的觀念一樣，古希臘人也認為「活的」之所以「活」，是因為呼吸。所以，「πνε⊗μα」這個字又作「生命」。在古希臘人心目中，生命在於呼吸，這樣一種樸素的信念，在古代被信仰了一段相當長的時間，而這個時期內即使誕生了其他新觀念，這個最初的觀念仍頻繁出現。

在古人「靈魂」的觀念中，還有類似於後來「精靈」與「鬼」的意思。這個觀念說明了，在古人心目中：「靈魂」與人的肉體已逐漸分開；然而，依據「魂」、「魄」聚散的觀念來看，所謂「靈魂」，始終都是一種具體的事物，時而附於身體，時而離去。

「靈魂」和「軀體」的唯一區別是：前者是活的，後者是死的。而這兩者的對立，也是「生」與「死」的對立。

我們還應注意：所謂「活的」和「死的」的對立，在最初並不特殊，不過是直觀辯證觀念的表現。人類憑感官就能感應到：萬物中，有些事物是「活動」的，有些東西是「不活動的」，所以古代「活」的概念，與「動」的概念相結合，而把「死」與「不活動」連繫在一起。哲學家即使能透過世間各種紛繁、對立的事物與現象，看出其中統一的原則，從中找出「活的」原則，從而貫串整個事物，而一些事物表面來看是「死的」、「不活動」的；但對於古代的哲學水平，「活動的」、「有生命的」與「運動的」，他們之間的概念相當模糊，從而產生了原始的「物活論」。

也許古希臘人認為，自然界中除了人以外，「水」與「火」最富有活力，是「無定的」、「有規律的」，就形成了早期自然哲學的兩大原則——「始基」與「本源」。

在這當中，不僅「水」與「火」是活的，它們作為本源而衍生出的萬物，也應是活的。

所以說，「生」、「死」兩種認知原則的分化與矛盾，造成了「物質」與「精神」的分化，這一觀點也從此成為歐洲哲學思想的基本傾向；然而，在古歐洲哲學的最初階段，它們還只是一個具體事物，而不可能用想像力從一個具體事物中，發現與其擁有相同本性、不同原則的東西，它與「物」的區別只是程度的不同，儘管差別很大。

具體解釋這種區別，是早期自然哲學家的首要任務。直到阿那克薩哥拉、德謨克利特，「靈魂」都是一種極其特別的物質，儘管那非常的細微；但到了赫拉克利特，「靈魂」開始等同於其「始基」——「火」。

但在這裡，巴門尼德、芝諾的理論不僅質疑「水」、「火」、「原子」，也威脅著「靈魂」。既然「靈魂」被理解成一種事物，那不論其多麼細小，終究可被無窮分解；而在古人的觀念之中，「分解」就代表著「死亡」，故「靈魂」就變得像自然界中的萬物，無法永恆存在。

對於古代哲學中「靈魂」永不消亡的理解，應進一步探討；當然，並不是因為這其中有什麼可取之處，而是因為其觀點本身就是錯誤，卻有眾多哲

學家，乃至科學家擁護它。至於原始人類中有無「靈魂」永不消亡的觀念，人類科學史上的觀點始終無法統一。

一些古希臘人對德爾菲神廟的推崇，對畢達哥拉斯學派也有相當大的影響，故其學派教導「靈魂輪迴」；蘇格拉底與柏拉圖也深受影響，柏拉圖的著作中多處提及了「靈魂輪迴」。這個事實充分說明了：古代哲學家的思想邏輯與神化傳說互相混合，說明了人的惰性，即使那是一個極其原始落後的傳統。

然而，蘇格拉底不是早期的畢達哥拉斯，其「靈魂輪迴」不僅有神話色彩，還包含著「寓言」的成分。也就是說，蘇格拉底的思想中除了迷信的成分，還有一種哲學上對「靈魂不滅」的論證。

蘇格拉底從許多方面對「靈魂不滅」作了「論證」，如他依據「回憶說」論證：既然生於此生，那麼前生本就已有，還提出了「靈魂」單一。

柏拉圖曾記述了蘇格拉底對於「靈魂」不滅的論證。依古人的觀點，死就是消散，但只有複合的物質才會解體，而靈魂與軀體的區別也正在於此。前者是單一的，後者是複合的，複合的軀體會消散而亡，單一的靈魂則否。

就論證本身而言，蘇格拉底並沒有提出新論點，他的理論基礎相當於巴門尼德的「一」到德謨克利特的「原子」，蘇格拉底把「單一」與「靈魂」相連繫，從而避免了「感性物體」的「一」與「多」矛盾，更把立足點從事物移到了內在，使靈魂脫離肉體，宣告唯心主義步入了成熟階段。

在蘇格拉底之前，「靈魂」與「肉體」互相區別且對立，而靈魂可脫離肉體獨自存在，是一種極其特殊的「物質」。

但是，蘇格拉底把巴門德斯所提出的「一」演變為精神性的「單一」，把德謨克利特的「原子」演變為精神層面的「單一」。既然物質世界中的萬物，都無法逃離最後的分解，那麼這種不可分的「單一」，就只能在精神世界中尋找。「原則」上的不同並非指程度不同，而是指遵守著的準則不同。

在物質與精神的眾多對立中，最基本的對立，是物質是「多」，而精神是「單一」，因此物質最終會被分解，精神則是不可分割、永恆不變的。對此，

蘇格拉底指出：物質可以感覺並能被看見，精神卻無法感覺也看不見，只能透過思想找尋它。

「靈魂」與「思想」的關係、對於認知真理的作用，巴門尼德早已談到；而到了阿那克薩哥拉，「靈魂」與「思想」已有了相同的意義，如柏拉圖在〈克拉底魯〉篇中說，阿那克薩哥拉稱「思想」與「靈魂」有著規整世間萬物的作用，卻沒有把此學說貫徹到底，而是蘇格拉底完成了這一工作。

從蘇格拉底開始，人被極嚴格地分為「感性的」存在與「理性的」存在，且把人的主體歸綜於「理性」與「精神」，而這兩部分在蘇格拉底的哲學思想中完全對立。感性的慾望會使靈魂不純潔，而此種慾望被環境條件所決定，所以處境不同的人，靈魂所受的影響也不同。

而在不同級別的「靈魂」中，哲學家的靈魂最為純潔，因為哲學家最能擺脫感性世界的約束，直接與真理世界溝通；反過來說，哲學家最應擺脫所有肉體上的約束，努力使自我靈魂純潔。蘇格拉底曾提出：真正的哲學家就是要追求一種肉體上的死，沒有任何慾望，就純潔的靈魂探究真理。正是從此處，蘇格拉底把其邏輯推理的「徹底性」，與傳統觀念的「靈魂輪迴」相連繫。但蘇格拉底並沒有提出死後靈魂會進入到不同地點，而認為眾人靈魂都在同一地方，也沒有提出客體存在的地點。

但是，蘇格拉底這種「精神」與「肉體」的絕對對立，並把哲學看作是一種思想上的解脫，卻為後來歐洲的唯心主義奠定了方向。從柏拉圖到黑格爾，無不是以思想與物質的分離作為哲學的最高境界；由此看來，這些哲學家真正的用意，是教導人們擺脫肉體慾望，達到最純潔的思想境界。

對於「靈魂」這一「精神實體」的確立，由於其與物質實體的絕對對立，此學說的創始者還可以從邏輯中解釋巴門尼德的「一元始基」，而這個問題與始基共同存在。「始基」、「本源」是萬物的根本，本身不變，但不變要怎樣產生萬物，卻是個十分繁瑣的問題。也就是說，「始基」是個活的原則，但活的原則怎麼「不動」的問題就無法迴避。古代所有的物質始基論，都不易圓滿解決，而蘇格拉底又提出了一個與物質對立的「精神」，具有與物質

相反的屬性。巴門尼德的「不動」、「一」都可依據此理論的前題定義，蘇格拉底也對「始基」這一問題作了總結。

蘇格拉底提出：既稱為「始基」，那其本身就沒有起源，因為它已經是初始，也沒有終結，因為它無法被「分解」，也就是說無法消亡。有「始」而無「終」，但蘇格拉底也不認為其是同巴門尼德想像的那樣，是個「死」的原則。因為他認為，始基應是「活」的原則，但又不受於外在原因影響，因為那就不是「始」了，而是一種「後繼」。既不受於外在，本身又活動，那麼其自身必有動因。所以，蘇格拉底是歐洲哲學史上，第一個明確提出「自因」的哲學家，他認為「自動者必是運動的本源」；但依據古人的觀念，一切物體應受外力才會運動，只有有生命的東西才會自動，所以自動的原則在於「靈魂」，而不在於「物體」。但蘇格拉底說：「所有無靈魂的物體由外力而動，有靈魂的物質則會自己動，因為這是靈魂的本質。」由此，蘇格拉底把始基永恆不變的原則與活動的原則，依據哲學理論結合，當然就充滿了對立與矛盾，而且是本質性的、本源性的對立統一。

而這種本源性的對立統一，是由感性樸素辯證向理性本質辯證的過渡。

3・理性的原則

「精神」與「物質」的分化，意味著「理性原則」與「感覺原則」的分化。精神無法感覺，是理性的產物，物質可以感覺，而其可被感覺，正因為精神的作用。

「精神」的確立，「靈魂」與「肉體」的分離，使人的本質集中在精神層面；精神與感性的原則區別，使人進一步集中於理性的精神實體方面。而蘇格拉底的「認識自己」，就是認識人的理性精神本質。

人是自然的一部分，有感覺、有生命。

感覺是人與自然溝通的管道。所以說，人與自然的關係是一種直接、個別的關係，而人以自身的力量，盲目地影響自然的進程。人不僅有感覺，也有理智；人類不僅影響自然，也試著理解自然，作為有意識的人與自然的關係，就不僅僅只是直接個別的關係了。它還具有了間接與普遍性，人不僅僅

可以感覺自然現象，還能理解自然規律與普遍性，並將其作為整體掌握。於是，人與自然就產生了一種新的連繫。

人如何認識自然，就如何認識自己。最初，哲學家還把人當作自然對象對待，研究人的身體與感官結構，並解釋人的種種自然結構。

當時，遊歷於希臘各處的辯士也在這個範疇中。早期的詭辯學派，是古希臘哲學由自然哲學過渡到蘇格拉底、柏拉圖哲學的一個環節，但辯士基於「人」仍是感性、個別的存在，仍以人的經驗為核心；而蘇格拉底思想中關於人的概念，恰恰與其相對。

人不僅要把本身當作感性存在研究，更應將其看作理性存在，人用理性研究自身的理性，也就是「自覺」，蘇格拉底認為這才是哲學的主要任務。

在蘇格拉底看來，哲學不僅是為了得到一般的知識，更要得到可靠、令人滿意的知識，即「真理」，即哲學不僅要瞭解自然的各個環節，更要瞭解其本質。當我們研究自然無窮盡的環節，無法得到滿意的答案，而當我們自問時才發現：這個決定性的環節就在本身，真理在理性之中。

這裡應指出：對自我的知識，是人類的認知進步的表現之一。從研究人的感官特性到探討思維器官的特性是一種進步，但卻被唯心主義者利用，為自己的哲學服務，並加以歪曲。此種傾向就學說體系來說，是由蘇格拉底開始。

簡單來說，古希臘早期的自然哲學，是人類在樸素形式下認知、思考的準備階段。在此階段，人們不僅可以看到物理學、數學以及天文與地理等自然科學，更可看到論辯術、修辭學及語言學的初步成果；然而，自然哲學的發展，同時揭示了思辨的局限性與被動，既然人的感受本就有尺度，那麼也就沒有了對錯之分。

古代哲學家追尋對「始基」的認識、對「真理」的掌握，便歸於個人感覺。為了扭轉這種傾向，蘇格拉底提出了原則：理性的主體性原則。這個原則，一方面並不反對自然哲學家的成果，一方面又指出其局限，指出如用理性思辨解釋感性世界中的始基，只能得到具體知識，卻無法得到哲學尋求的本源

性的知識；另外，在此種哲學方向的轉變中，蘇格拉底把以個人慾望為基礎的善惡觀，用倫理學替代。

人類在蘇格拉底的哲學中是精神的實體，同時又是與客體對立的主體，而其學說的核心，就是「唯心論」和「倫理學」。

▍四、蘇格拉底──「唯心論」的奠基人

古希臘哲學由「自然」哲學轉化為「自我」哲學，「精神」與「物質」分化後，「精神」成為實體並最終確立。這一變化宣告了「唯心主義」的成熟，而其成熟後最初的形態，便是蘇格拉底的「倫理學」。

1・在亞里斯多德《形上學》中蘇格拉底兩段話的含義

無論如何評價蘇格拉底的哲學，多數學者都傾向於：唯心論的奠基人應是柏拉圖，而不是蘇格拉底。「理念」這一概念，是蘇格拉底、柏拉圖哲學體系的主幹，但人們卻不是非常清楚。關於相對立的蘇格拉底與柏拉圖的唯心論，和德謨克利特的原子論，這種對立有本質上的原因。德謨克利特與畢達哥拉斯學派，在思想上有著非常密切的關係，此種關係在亞里斯多德對他們的記述中也可看到。德謨克利特的「原子」屬性，是由多種幾何學概念所形容，「原子」、「數」、「點」有著相當密切的關係，而這些都與畢達哥拉斯學派有關。

但德謨克利特與蘇格拉底的「理念」還是有本質上的區別。在德謨克利特的思想中，理念是客觀存在，且不僅僅存在於思想之中；另一方面，德謨克利特的理論仍然保存了所謂「種」、「類」的含意，故它的具體含義就由基本理論所決定：「原子」作為物質的微粒，它們的「種」、「類」也就同樣具有物質基礎。

而到了蘇格拉底，「種」、「類」已不僅僅是認知物質世界的工具，其本身也成為獨立的實體、認知的對象、真理的本質，如此進一步的抽象，已完全脫離普遍的含意，步入唯心主義哲學的範疇。「自我」的主體是一個理性的精神實體，然而「理性」、「思想」的本質正出於它與感覺完全不同的「理

念性」。因此，「唯心論」的提出，是蘇格拉底哲學方向轉變後的必然結果，即使具體含義不同，甚至所用概念不同，但蘇格拉底「唯心論」所提出的問題與基本意義，卻是所有唯心主義共有的核心範疇。

2 ·「理念」的概念

「理念」作為事物的範疇，並不是當時的流行用語，但也不是一個陌生的概念，它是科學著作中的術語，而蘇格拉底的工作，正是對此術語作哲學思考，使其成為哲學的核心，具有更加普遍的意義。

古代辯士對於「名字」功用的研究相當普遍，但因當時的哲學是感覺主義、相對主義，所以主要由感性來認知「名」的作用。而由極端經驗、感覺主義作為出發點的思考，使「名」脫離了「實」，「名」隨著主觀感覺而變，卻不考慮事物的「實」，因而對於「名」的運用，就沒有是非可言了；而若要扭轉此種偏向，蘇格拉底的第一個任務，就是「正名」，即客觀的理解「名」。

早期自然哲學的發展，表明了赫拉克利特論斷的正確性，即僅用自然獲取確定的知識已不可能，「人」如果以詭辯學派的理解感知存在，「人」仍未跳出「自然」的圈子，而僅是自然的一部分。如此，人以自己的感覺為基準判斷是非，卻無是非可言；若要真正確立主體原則，只有從理性思維入手。

理性邏輯概念，是理智把握世界的方式，故擺脫感性自然約束的關鍵，就在於邏輯概念的運用。由此，哲學提出了理性邏輯概念，把「名」理解為理性邏輯概念，「名」就不是飄忽的印象，而是實在的本質。

蘇格拉底主張「名字應符合其自身本質」，而此種「符合」並不只是像鏡子，而是本質的符合，是把握世界的理性方式。

此種理解下的「理念」是概念性，而非形象性的。蘇格拉底正是由此，從「理念」與「意象」的本質區別中，引出理念知識的真理性與確定性。「意象」會隨著主體與客體的變化而改變，「理念」卻永恆不變。

蘇格拉底「唯心論」的關鍵，是指出「理念」與「意象」的不同，確立其普遍性，用理念的普遍和知識代替感覺。

所謂事物的定義，就是其本質，而這與對事物的感覺完全不同。正是在感性與理性、現象與本質中，蘇格拉底採取了與德謨克利特唯物主義相反的立場，顛倒原子論，主張唯心論。

許多研究者認為：蘇格拉底的唯心論思想，得於畢達哥拉斯學派，由畢達哥拉斯的「數」解決矛盾；其實，蘇格拉底不僅運用了「數」，更把「量」運用到「質」上面。

「質」與「量」不可被分割；但在早期古希臘哲學，「質」與「量」卻有一個分離過程，哲學家對這兩方面有不同的側重，米利都學派強調「質」，南義大利學派則注重「量」。

感性世界可以被無限分割，任何事物都是「多」而不是「一」，由此彰顯了它的樸素性與弱點。蘇格拉底統一了「質」與「量」的關係，也從新的角度解釋「一」與「多」的矛盾。理念是事物之所以為本身的「質的規定」，不是單純的感性存在，而是理性本質的存在。

蘇格拉底要把「理念」這種邏輯概念與感官世界相對立，成為獨立的實體，既非感性世界的反映，也不是理解感性世界的方法，而是使「理念」成為感性世界存在的依據。

蘇格拉底完全顛倒了實際的關係，知識的邏輯體系、概念體系成為真實世界，感覺的世界變得不可靠。巴門尼德所謂的「存在」，成了蘇格拉底的「理念」。

這裡應指出，蘇格拉底對「唯心論」的論證方法非常原始樸素，因為他所討論的問題是最基本的哲學問題：理念世界的確立，表明理性世界的確定。

總之，蘇格拉底的「唯心論」在知識上是概念體系，而他把此種邏輯概念作為哲學基礎，成為其世界觀的核心。

3‧理念作為目的

早期的自然哲學沒有理論意義的「目的」的概念，人們承認事實，並以此為基礎提出一些理論性問題，但這種感覺性、生理性的情感是一種主觀意識；而蘇格拉底「唯心論」的提出，不僅使人的感覺理性化，也使人的情感理性化，使生理慾望成為理性目的。

依照蘇格拉底的「理念性」，「理念」本身帶有「目的」性質，「目的」是本身的現實性，且「目的」是為了實現而提出，而「理念」是由人的理性形成的概念性東西。

蘇格拉底認為，「自然」不是哲學「本源」的最後依據，而此種論調正與早期自然哲學家主張相反。蘇格拉底的理念，是要為事物定下本質依據，而這不僅僅考慮事物的純自然屬性，更考慮到事物的實踐性屬性。

就唯心論本身來看，「目的」與「善」的引入，也是有其理論需求。所以即使柏拉圖後期，其原本以蘇格拉底的主體理性變為客體存在，他卻始終沒有放棄「善」的理念。

蘇格拉底曾說：「認識了善就能認識其他。」此處的「善」事物內在所有，是人類理性本質對自然事物的最終把握方式，而把握了事物的「善」，就是掌握了事物本質。

在蘇格拉底的哲學之中，「善」是「理性論」的出發點，也是其歸宿，就如同「始基」與「本源」。

蘇格拉底的「唯心論」由實踐提出，歸因於自然知識的不足。由此不難發現：歐洲哲學史上，兩次從經驗主義到先驗主義的過渡，均是以實踐理性作為突破點。而第一次過渡，即是由早期米利都學派而來的自然哲學，分化為辯士的相對主義與伊利亞學派的形上學，最後出現蘇格拉底以「善」為理念的唯心主義。

對於人理性功能的認識，對於概念與感覺的原則性區別，是哲學史上的一件大事。人不僅是個別的存在，而且普遍、有種族、有自我意識。而蘇格拉底的哲學座右銘「自知」，就又可理解為：對世間萬物的認識，就是對世

界理念的認識，而理念就是把握世界的方法之一。因此，理念是對理性的認識，「自我」就成為一個知識體系，在於認識自我的理性本質。

蘇格拉底為哲學家提出的歷史性任務，就是按照他提出的規則使用理性，而歐洲哲學也一直圍繞著這個核心發展。蘇格拉底開創了以哲學確定科學知識系統的傳統，而自此歐洲哲學再也離不開這個傳統。

以上我們可以看出，蘇格拉底的哲學核心，即道德哲學與倫理學是如何貫徹其哲學的基本原則，以完成自我的理性化。

▋五、蘇格拉底的哲學——道德觀

蘇格拉底哲學的「本源」是什麼？其倫理學是研究什麼？核心為何？蘇格拉底的哲學理論受到當時雅典的影響，他又是如何解決身邊的煩擾？

蘇格拉底建立了一種知識即道德的倫理思想體系，其核心是探討人生的目的和善德，強調人們應該認識社會生活的普遍法則和「認識自己」，認為現實生活中獲得有益或有害的目的和道德規範都是相對的，而只有探求普遍、絕對的「善」，才能把握概念的真理，達到最高的生活目的和至善的美德。蘇格拉底認為，一個人若要具備道德，就必須先有道德的知識，因為一切不道德行為都是無知的結果；人們只有擺脫物慾的誘惑和後天經驗的局限，獲得概念的知識後，才會有智慧、勇敢、節制和正義等美德。

我們現在將具體研究蘇格拉底的道德哲學，即倫理學。蘇格拉底將哲學的核心由「自然」轉向「自我」，而「自我」與「自然」對立，主要研究作為主體的人及其關係。那麼，對「自我」的思考即是蘇格拉底思想的關鍵，內容也由思辨性轉變為實踐性批判，道德、倫理成為核心。

蘇格拉底的道德哲學以唯心論為基礎，而其哲學「本源」與「始基」，也就是「自我」、「倫理」與「道德」。蘇格拉底的倫理學，不是普通意義上的道德規範學，也不是具體研究「自我」如何適應環境，而是「自我」的理念，他由「自然哲學」的傳統中脫離出來，其過渡環節是詭辯學派。

　　當然，蘇格拉底之前的希臘，也包括古希臘七賢為代表的倫理思想，但詭辯學派在倫理學的感覺主義核心，是變化的相對主義；而蘇格拉底的目的，就是為德性找出基礎，與自然對立。

　　對世界的理解是歐洲的哲學傳統。對人來說，世界與人對立，在人之外客觀存在，人與自然的溝通更多是透過理解與思考而不是感覺；但自然界千變萬化，探尋自然「本源」的各學派就出現了差異與對立，但又無法真正觸及萬物根本。「愛智」是人類的本性，於是在古代探尋本源的進程中，蘇格拉底有了一個新的方向。

　　蘇格拉底的「自我」不同於辯士的「人」，而是理性的實體。他提出了關於倫理與道德哲學的最基本命題：道理與知識的同一性。

1·「知」「行」合一的哲學

　　蘇格拉底使倫理學科學化，因為他要從其中尋求真理；但他關於「美德為知識」這一符合希臘傳統的思想，卻受到後世，尤其是亞里斯多德的批評，而亞里斯多德正是把倫理學作為行為規範學，並使其科學化的首位哲學家。由此可知：蘇格拉底的「美德即為知識」還有更深一層意義，而亞里斯多德領悟了這一層意義，只是觀點不同。

　　蘇格拉底的「知識」不同於感受或流行的意見，而是理性的必然真理，在他看來，這種知識無法從自然中尋求，不是自然的知識。自然界有「質」與「量」兩方面，而世間萬物都可由這兩方面把握，於是在廣義的自然哲學中也有兩個學派：由「質」把握自然的愛奧尼亞學派，和由「量」把握自然的畢達哥拉斯學派；而巴門尼德用「存在」統一「質」與「量」的關係；到了詭辯學派的相對主義，個體主義又使古代哲學走入反面。蘇格拉底不僅否定了強調「質」的愛奧尼亞學派，也改進了強調「量」的南義大利學派。

　　蘇格拉底的世界既不是質，也不是量；既不是物理，也不是數學，而是一個目的的世界、倫理的世界。在這個意義上來說，蘇格拉底「美德為知識」的「知識」，就不是自然物理或數學知識，而是世界理念的知識，「自我」的知識。

歐洲文化脫離神話後的傳統目標，是追求永恆的真理，蘇格拉底也不例外。所以，我們基本同意一些學者所謂「蘇格拉底把倫理學科學化」的說法。但需要補充的是：從蘇格拉底的哲學原則來看，他並非旨在創立一個新的經驗科學倫理學，也並非像研究自然科學那樣，研究道德觀的客觀條件與道德行為間的因果關係，從而設定一些倫理規則——而是要從倫理道德的領域中，尋找無法從自然得到的知識，一種真正的哲學知識。

　　蘇格拉底的倫理學科學化，受到當時自然哲學的影響，因而想把倫理學建為一門像物理、數學一樣的嚴謹學科；但在成熟的蘇格拉底心中，自然科學並不嚴謹，所以他的哲學不是自然哲學的運用，而是否定與批判。蘇格拉底「美德即為知識」中的「知識」，既非自然知識，也非後世「形上學」的知識，而是對「美德」的理性把握。在柏拉圖後期的對話中，也反映出這種實踐精神，轉向以客體「存在」為核心的傾向。

　　蘇格拉底的基本任務，是把握事物主體的知識與理性，因而他的哲學核心就是倫理學與道德哲學。

　　在討論蘇格拉底「唯心論」時曾指出：「理念」並不是靜觀、知覺的概括，而是對事物功能的理解。蘇格拉底「美德即為知識」的命題，所受的批評之一就是他將「知」與「行」等同，否認了「知」與「行」的區別；但蘇格拉底從自己的基本哲學立場立論，認為「理念」就是「善」，因為「理念」本身具有一種現實性力量。「德」包含了人所有的優秀特質，也包括這些特質實際的作用，因此也可理解為人的本質；而既然知識為美德，那麼無知便是罪惡了，知識為善，無知為惡，如果是這樣，便有些違反常理。

　　其實，關鍵在於這裡的「知」是一種自然知識，但按蘇格拉底所說，「知」是理性認識自己的道德意識，那麼有這種意識便是「善」，沒有這種意識就為「惡」了，也就說得通了。

2‧德性與知識

　　蘇格拉底「德性與知識同一」的前提，產生了「德性是否可教」的問題；但蘇格拉底並非僅僅簡單的回答，而是將它與哲學基本思想進一步連繫。

　　蘇格拉底的辯論完全是針對詭辯學派所發，問題的核心在於：詭辯學派以教授知識為首任。在自然哲學方面，蘇格拉底已證實那些所謂有知識的人其實並無知識，因為他們的看法並不確定。他們自稱「辯士」，但並非哲學家，「辯士」像兜售產品那樣販賣他們的知識，而哲學家則永不滿足現狀，嚮往永恆的真理。

　　辯士號稱可教導人優秀的道德，卻不知「德性」為何物，所以蘇格拉底認為，辯士所謂的「德性」不可教。

　　當然，當今大多學者都同意：蘇格拉底承認德性可教。其中關鍵的差異在於對德行的理解，在蘇格拉底看來，可教性在於「美德即為知識」，如果德性並非知識，自然不可教；但在辯士看來，德性不是知識，其對自身的德性也無知，故他們學說中所謂的「德行」不可教。

　　知識可教，但在蘇格拉底心中，什麼是可教性？就其哲學思想來看，應就是知識可被普遍傳達。

　　辯士所謂的知識，在蘇格拉底看來缺乏普遍性與必然性。任何人都不能強迫他人接受自己的意見，但真理卻有強制性，因為真理的知識體系是普遍的。故嚴格來說，「可教」的是能、是原理。近代西方由經驗主義轉向理性主義，不依賴感官，而在蘇格拉底看來，這種才是「應教」的。既然一切知識來自感官，而且是個別的，那麼便無從「教」起，蘇格拉底涉及的是主體與主體的關係，主體用感官積累經驗後，透過理性建立普遍的知識體系。

　　而辯士可否教人知識，就是一個理論問題，而不是資格問題了。因為他們的「知識」只是自己的見解，原則上無法「教」。

　　蘇格拉底並非二元論者，「自然」從屬於「自我」，而最後的本質是它的「善」，而「自我」應是理性的。故應在「自我」的理性作用下探求自然的「善」，對於自然的具體知識，就是對「善」的知識。但蘇格拉底並未進一步回答「善」的問題，主要因為受到當時的社會條件所限。

　　蘇格拉底指出：人的所有品德，如果沒有知識，就都可能是「惡」的，即只有好的意志才是善。

蘇格拉底道德哲學追求的，就是與品德有所不同的「善」的含義，是一種永恆不變的含義。「善」作為描述性概念來說因人而異，這是辯士的觀點，但這只是意見，並非評價。

而作為描述性概念，原則上無法傳授，只能親身理解。

表面上看，善既是可教、可學，就不應由「回憶」而來，因為既為「回憶」，就不必「教」或「學」，是天生所有。蘇格拉底的「回憶說」應是指明一種必然的邏輯性知識，而他在倫理學與道德哲學中也貫徹了此原則。「善」有描述性與評價性兩方面的意義，但在蘇格拉底的學說中並無區分；但他對此問題的追求，在於相信：概念的本質意義可以得到必然的知識。蘇格拉底的思想是：如果給出了「善」的定義，也就是回答了「何為善」，那麼，一切德性都可由這個原始定義推出。

在蘇格拉底看來，包括道德哲學知識在內的一切知識，都是一種「回憶」，都在自我心中，而非來自於外界。

但此種既有的事物需要經過啟發，於是便有了哲學家；而哲學家的任務不在於強加別人什麼，而是啟發人類。

3・「有意為惡優於無意為惡」

由「知識與德性的同一性」這一基本前提出發，蘇格拉底提出「無人自願為惡」，其邏輯關係在於：若知識為美德，無知即為罪惡。蘇格拉底保持了兩個命題之間的邏輯必然性，雖有哲學深度，卻不符合經驗常識；故如何正確的從歷史與哲學上理解此問題，必然不可迴避。

就當時希臘的思維來說，「無人故意為惡」並非完全背理。蘇格拉底所謂「惡」，從語言學上來講，是「欺騙」，也就是說可以理解為「無人故意欺騙自己」。這裡所說「趨善避惡」與經驗功利主義的理解並不衝突，這也是蘇格拉底及古希臘人的立論基礎。

「趨善避惡」甚至可以說是蘇格拉底與當時學者的共同主張，只不過蘇格拉底還加上了自己的學說。他與辯士都同意「趨善避惡」，但善、惡不能

只靠個人感覺判斷，只有真理才能作為指引。而蘇格拉底不同意辯士只提「善惡」而不說「真偽」，只提個人主觀喜好，而不講理性客觀知識。

蘇格拉底與古希臘人一樣同意肉體的存在，因而無法否認情慾支配行為；但從理論上講，單純由情慾出發為惡，因為其缺乏理性，因而「無知」。只有擁有理性知識的人才能為善，分辨善、惡。這樣，「趨善避惡」就上升到了理性的層面。

在蘇格拉底的思想中，「靈魂」並非透過心理學理解，而是從哲學或唯心主義理解，「靈魂」就是「理性」本身，而這不同於亞里斯多德的思想。

就「靈魂」學說而言，其固然是與肉體對立的精神實體，卻涵蓋了整個感性過程；至於「無人故意為惡」，柏拉圖始終堅信。

「知識為美德」、「無人故意為惡」，在古代被普遍接受，只是各學派的見解不同。蘇格拉底認為「知識」與「善」統一，「善」與「惡」對立，「知識」與「無知」對立。所以「知識」總是真的，只有「意見」才有真假，「知識」就是「真理」。

而亞里斯多德那裡把一切全部經驗化，所謂「知識」是指經驗的知識，因而有理論性與實踐性之分；但對蘇格拉底來說，「知識」就是真理，不含有感覺，因而只是定義性的邏輯知識。

辯士所謂的智慧，蘇格拉底並沒有完全否定。「智慧」與「知識」的區別，在事實上揭示了經驗與哲學的複雜關係，而古代哲學唯物主義尚未發展到那種程度；而依蘇格拉底的理解，經驗知識與哲學知識還是有著一種傳統，有著未曾分割的連繫。

但兩者還是有根本的區別，哲學知識已提出了其特有的問題，由早期樸素的自然哲學步入自我的倫理知識，表明了哲學問題進一步的明朗化。

哲學知識的日趨成熟，終於誕生了哲學特有的方法——辯證法。

六、蘇格拉底的哲學——辯證法

辯證基於哲學有著重要的意義，在本節，我們將介紹蘇格拉底的辯證法如何助其尋找真理；柏拉圖的思想為何最後會有所轉化，放棄先前的蘇格拉底的哲學；蘇格拉底的辯證法有何特定的歷史特點……

辯證法的故鄉是希臘，辯證的思維方式與哲學的思維方式相依相生；但此方法自亞里斯多德後，被冷落了多年，直到近代德國古典唯心主義哲學，才逐漸恢復活力，體現出其與哲學思維的不可分割。

曾普遍流傳一種觀念：近代辯證法與古希臘辯證法的含義完全不相同的。古希臘的辯證法，是指一種辯論或討論的方法，好似並無後來的哲學深意。可以在古代發現許多富含豐富辯證法的思想，但直接提及辯證法的卻不甚多；但在仔細研究蘇格拉底前後哲學思想的發展，與連繫到自身對於哲學思維的理解後，應該承認：德國古典唯心主義的辯證法，與古希臘辯證法間有著更深的淵源。

當然，問題的嚴重性在於，辯證法好似已被現代歐美正統哲學家拋棄了；但拋棄辯證法，等同於拋棄哲學。這些人宣判了哲學壽終正寢，但哲學仍在挑戰人類生活的矛盾。

學院哲學家試圖解決傳統哲學問題，但在復興傳統哲學的同時，也要復興辯證法在哲學中的地位。辯證法不僅有其歷史意義，也有能討論當前現實的現代意義。

1・辯證和分析的方法

在具體論述蘇格拉底辯證法的歷史特點前，應先敘述哲學思維的廣泛歷史與理論，表明這個問題的基本看法。

研究人類廣義思維產生的方式、發展的歷史，與由此歷史形成的連繫與特點，是個富有趣味的工作，也是認識自我的重要指標；但在這個方面，我們的工作還做的遠遠不夠。就世人的哲學研究來說，哲學雖根植於人類的思維本性中，但作為一種自覺的思維，是歷史發展的階段產物，是人類擺脫與

自然最直接的需求後，才可能思考的深層問題。而哲學的思維方式，與自然科學的思維方式相互結合。

依照卡西來以後歐洲的普遍理念，人類早期是種「物」、「我」不分的思維方式，是「神話式」的。而我們應當承認：在對客觀世界的各種解讀方法中，科學式的思維方式最為本質，其它方法無非是其的變化運用──哲學的思維方式正是如此。

但從人類有思考能力開始，就有了一種尋求「本源」的精神，是人類思維能力的本質與特點。而此種不斷追求真理的精神，與其以科學概念追尋的效果之間，便出現了無法避免的矛盾，也就是所謂「有限」與「無限」、「相對」與「絕對」，在古希臘後期就是「意見」與「真理」的矛盾。相對真理與日俱增，但它與絕對真理間的無限距離卻從未縮短。

因為生活中充滿了矛盾，所以原始人是天生的辯證論者；但辯證論本質的意義，仍在於認識人類思維功能本身所出現的矛盾。

宇宙的「始基」、「本源」是自然科學無限探索的目標，卻被當作具體科學研究。這種矛盾的根源，或許是由於：人類是在沒有足夠的經驗科學知識時，提出「本源」與「始基」，即在文明萌芽期就提出了這一問題；而人類思維的這一飛躍，也是哲學思維產生的主因。

無論如何，矛盾已經產生，要麼從根本上承認此種矛盾，要麼從根本上否定，強調人類思維的一貫性，建立起一種邏輯明確的科學知識理論。

現代對於「辯證法」，通常主張其對立統一，認為事物有規律變化；而與其相對的，則是認為事物不變的「形上學」，否認事物間的矛盾。這些觀念固然正確，但問題在於：人類的惰性與依賴，總是對普遍的事物不假思索、習以為常，導致常常失去此種對立與區別原本的歷史、理論意義，使近代與古代辯證法的意義有所不同。

在此之前曾說過：柏拉圖後期，已出現從蘇格拉底的「唯心論」向「存在論」轉變的趨勢，而亞里斯多德則接續了這一傾向，並形成了一個巨大的知識體系，而主體就是「形上學」，也就是研究「存在之所以為存在」、「存

在之存在」，是本源論與始基論的發展結果，而此種思想，正與蘇格拉底的唯心論完全對立。

也就是說，蘇格拉底否定了早期自然哲學發展的方向，主張「理念」不是存在、「自我」不是「自然」，因此用「理念」來探求存在，結果必然消極；但在亞里斯多德看來，「理念」是「存在」的概括，與「存在」有對應關係，因此「理念」不僅僅是「自我」的本質，也是「存在」的範疇，而存在之存在、萬物之本源，可以如具體科學一般形成一個沒有矛盾的知識體系，哲學也可以像其它科學一樣，以概念、判斷、推理，把現象化為經驗。

在此種知識體系中，「辯證法」成了消極的存在，亞里斯多德意識到：要想達到真理，僅僅仰賴柏拉圖的辯證法不夠用，應添加新的內容，因此他區分了兩種不同形式的辯證法：「三段論式」與「歸納式」。

蘇格拉底只談及「自我」，不談「自然」；柏拉圖晚期由「自我」回到「自然」，卻並沒有一種適合掌握「存在」的工具。辯證法因承認對立命題，使其陷入無盡的爭論，無法得到關於「存在」的可靠知識。因為蘇格拉底、柏拉圖的辯證法都無法完成這一任務，於是亞里斯多德提出「三段論」，以「分析」替代「辯證」。

「分析」的邏輯方法是要求思維的一貫性與必然性，不承認矛盾命題合乎邏輯，把蘇格拉底、柏拉圖只存在於思想中的「理念」變為多種邏輯範疇，進而掌握「存在」的真理，在變化的「存在」中求出不變的本質規律。

亞里斯多德創立的分析法，對科學思維發展有相當大的貢獻，奠定了歐洲哲學思維中與辯證法相應的思維方法。

在哲學的基本理論方面，亞里斯多德反對「唯心論」，並提出「實體論」。他認為：辯證法用來掌握「理念」，而分析法是分析「實體」，因而辯證法並不適合於掌握科學知識。

但亞里斯多德的問題在於：他認為分析不僅可掌握「實體」，還可掌握「本體」，因此這種思維方式不僅適用於自然科學，也適用於哲學。哲學形成了

「辯證」與「形上學」的對立，也代表著「辯證的」與「分析的」兩種思維方式的對立。

這種傳統的對立在歐洲哲學史上延續了相當久，而近代歐洲哲學嚴重打擊此傳統的是康德。他把分析與辯證重新歸位，並認為哲學不是理論性，而是實踐性，這也就是為何他把實踐理性批判提到了哲學之首。

但哲學畢竟是理論性的，沒有概念、判斷、推理這些邏輯成分，也就沒有哲學本身；而康德的哲學體系，乃是個理論的體系，後經費希特、謝林、黑格爾的延續，終於建立成了辯證邏輯，即「哲學」體系。

這時，哲學在新的形式下又回到亞里斯多德的「形上學」體系，不過是用辯證的思維替代了科學、分析的思維。因為他們不贊同以「分析的」方式解答哲學問題，因此並不認為自己的哲學是「形上學」，這導致哲學學說內部，「辯證的」與「形上學」更加的對立。

2‧前蘇格拉底時期的辯證觀

人類的語言，是以一種特定符號的結構體系，反映客觀事物，此種創造並運用符號的能力，是人的理性的抽象能力。但即使在最簡單的手勢語言中，人們對客觀事物的描述仍有「取捨」。就本質而言，「語言」及其它衍生物都不僅僅是客觀對象的完全反映，而是一種抽象的概括。人的感性提供了矛盾的意識，而無論何種民族，都有其天生的辯證思維，古希臘哲學家便是天生的辯證論者。

感覺告知人們，一切都在不停變化，在生產力低下的古代，這種矛盾感令人心生壓抑，但也可以因必然性而達觀。早期希臘哲學家採取了後--種態度，因為他們堅信在變化的世界中，有一種「度」在維持平衡，探尋到它便無往不通。

在早期希臘各學派中，無論是米利都學派或南義大利學派，都承認感官世界中的各種對立現象，也都具有各自的「度」維持平衡。

米利都學派重「質」，以無定的水作為始基，生化萬物；但即使其為「無定」，生化萬物後也不能過「度」。

南義大利學派以「有定」為準則，以和諧為本，但同時又承認種種對立現象。

在辯證法方面，赫拉克利特是此時期的代表，其對感性世界矛盾現象的認識，集中體現於「萬物皆流逝」與「人不能兩次跨入同一條河流」。他的辯證法綜合了米利都與南義大利學派的學說，以量的變化性動搖質的穩定性，同時以量的度維持質的平衡。

早期希臘哲學的思想趨勢，是從自然哲學宇宙論向微粒宇宙觀發展，以「無定」與「有定」的對立，導出「可分」與「不可分」的對立，這是早期宇宙論的核心問題，也是當時辯證論的關鍵。

「有定」的「邏各斯」已被賦予數學意義，而與之相對的「無定」的始基，也可無限分割。如此在古人眼中，「物質性」的始基便會動搖，甚至其作為物質性始基的概念都無法成立。

透過可分與不可分的問題，歐洲哲學第一次由感性辯證法步入本質辯證法。

古代哲學宇宙論的辯證法，由「有定」、「無定」的矛盾，到「可分」、「不可分」的矛盾，路程已完結，即已由感性現象辯證法步入理智的本質辯證法，但仍是客觀世界辯證法，一種宇宙世界矛盾觀。辯證法還應該是思想、語言的矛盾，即對立命題的矛盾，這也正是其本意。

最早是由詭辯學派將注意力由客觀存在轉向人的本身，但終究是以感性理解。

人們在宇宙中所尋找的「尺度」、「邏各斯」就是人本身，這也正是從詭辯學派開端，哲學的「本源」與「始基」便是自身。

　　辯士既然以感性為出發點，那麼「人」與其周圍的世界，就只是一種群體關係。而「人」一方面還無法與世界有意識的分離，同時又帶有自身的主觀性，故與自然、他人無法真正的「交流」。

　　詭辯學派把赫拉克特的「萬物皆流」、「人不能兩次跨入同一條河流」這些感性、客觀的辯證法引入人本身，以適應人的情感變化。於是，所謂的「尺度」也走向了「無度」，而蘇格拉底與柏拉圖都很清楚地看到了這一點。

　　於是，由「人為萬物尺度」引出一個原理：一切事物，皆有兩相對立的道理。語言便沒有了所謂的「真」、「假」，何種說法都有其道理。

　　辯證法首次遇上兩個「命題」的對立，所以嚴格來說，詭辯學派是「辯證法」的創始者。由此，「辯證法」建立了一個傳統，研究人的思維、語言與命題之間的關係。此種關係不等同於語言和思維邏輯的形式關係，而與其哲學世界觀的立場牢不可分。故辯證法是使用哲學的思維與語言，此傳統由普羅達哥拉斯創立，後人稱其原則為：對一切正題提出反題。

　　辯證法的確提示了人類的辯證思維與矛盾，但同時也動搖了人類科學認知的基礎，使人陷入相對主義與懷疑主義。辯士動搖了苦心建立的傳統知識，把雅典人引入原始、自然的混沌，辯證法最終成為隨心所欲的主觀遊戲。

　　古希臘的辯士是歐洲首批語言大師，他們將人看作是單純的感官存在，而對於語言的認識，持有哲學上的樸素看法：語言是感覺的描寫。既然感覺屬於個人，那麼語言也應屬於個人；感覺沒有真假之分，那麼語言也就沒有真假之分，只能有強、弱之分。故辯士並非以教人「真理」、「知識」而存在，而以教導語言能力為己任。所以辯士也是歐洲的修辭學家，但也導致「辯證法」主觀上的隨意運用，最終走向惡化的局面。

　　在早期的辯士中，語言修辭學的代表人物是高爾吉亞。他在哲學方面，對於「存在」與「非存在」的論證震驚一時，還進一步提出了「語言」與「感覺」的矛盾。

　　高爾吉亞說：「可聽的」與「可視的」無法相互轉換、替代。在此可看出，古人已認為「感覺世界不可言」，因為視覺上的事物只能透過視覺感知，

而語言不是視覺，所以無法用語言來感知所看之物。此推論依舊表明，感覺是「私人的」，因而無法傳達給別人，且各人的感覺也無法溝通。

可以得知：在哲學認識上，感覺與語言、感性與理性的矛盾，已到了一個極端的程度。

蘇格拉底的辯論對手，大多是這樣的辯論大師，他們就哲學的基本問題、道德倫理、社會制度等多方面展開辯論，而既然討論的核心是對矛盾命題的看法，那蘇格拉底也不得不圍繞同樣的問題。

蘇格拉底的「唯心論」與詭辯學派的「感覺論」恰恰相反，這也決定了他與辯士對待「辯證法」的態度，在「辯證法」的運用上也有著根本性的區別，蘇格拉底把古代「辯證法」從主觀感覺的運用中解放，使其具有理性。

從根本上講，蘇格拉底把辯士論調中感性的人變為理性的人，並以其為核心展開哲學。那麼，人就不是感性自然的一部分，且與之對立，想要成為自然的主人。

但也因為蘇格拉底將人作為道德實體，故否定一切自然哲學的可靠性，因其辯證法也有著消極的作用。

3・蘇格拉底辯證法的特點

從以上可看出：詭辯學派由於主觀的運用辯證法，已體現出這種相對主義的消極運用，而蘇格拉底的哲學就是對此而發。也就是說，早期的感覺辯證法，已從自然哲學的宇宙論到詭辯學派的論辯論中走到盡頭。矛盾、對立各執一方，科學失去了可靠的基地——感性世界的本身規律性。

辯證的思維方式包含了否定的方面，旨在揭露矛盾，而蘇格拉底從早期辯士那裡學到了此方，並反過來揭露辯士的矛盾，揭露其自稱「有知識」，實則沒知識的本質。因按其理論：只能自己感受而無法傳達的東西，又怎能教導他人？

　　這種辯論方法也就是辯證法的一種，即「詰問法」。蘇格拉底不正式收徒，只與人討論問題、揭露矛盾、探求本源。所以辯證法與其它辯論方法密不可分的原由，當然與蘇格拉底有關。

　　「詰問法」也可解釋為對「一切正題皆有反題」的具體運用，是在討論中把正題引向反題。此種論辯方法顯現出了蘇格拉底的「諷刺」精神，而此種精神也正是辯證思維在消極、否定方面的體現。

　　蘇格拉底的「諷刺」目的在於摧毀一切現成、傳統的觀念，揭示其虛假的一面，且他「諷刺」的對象甚至包括他自己，這也可理解為一個「從無到無」的過程：蘇格拉底首先設定自己是「無知的」，向一切自認為「有知識」的辯士求教，但討論的結果卻表明所謂的「辯士」也「無知」。在揭示自己與別人的無知過程中，體現出渴望尋求真理的堅定信念，承認已知的不完善，是步入獲得真理的首步。

　　真理由承認無知開始，在此種意義上講，「學習」是一個由無知到有知的過程，但「知」是無窮的，所以「學」也沒有止境，所以蘇格拉底始終是個探索者。沒有對現有否定的態度、對真理的信心，也就沒有探索。所以蘇格拉底的「諷刺」不是相對主義、虛無主義，而是在否定中包含著積極的態度，因而不是懷疑，而是辯證。

　　正是這種辯證的態度，蘇格拉底用「唯心論」代替了辯士的「感覺論」，蘇格拉底否定了早期的自然哲學方向，指出自然知識的根據不在自然本身，而在於自然的「善」、自然的功能。因此，理性的自我才是知識的核心，找到這個「善」，也就有了「度」，就是可感、可理解，但「善」的本身卻又充滿了矛盾與對立，而此種「善」正是蘇格拉底所追尋。

　　但尋求永恆的倫理知識是一個漫長的過程，過程中充滿者對立與矛盾，道德的判斷上升到一個根據複雜「尺度」形成的概念。蘇格拉底力求找出明確的「定義」，卻只得到消極的成果，對於積極成果則沒有多少把握。

　　道德與倫理不僅僅是靜觀的知識，更是一種行動。理性的自我不會衝動行事，而是依據知識，故如果沒有明確的知識與堅定的信念，就會無所適從。

在討論蘇格拉底的道德哲學後，發覺他並沒有對諸如「選擇」、「決定」、「自由」、「命令」等倫理學、道德哲學的概念進一步思考，此乃受到了時代背景所限。作為理性的自我，會依據知識決策，人可以積累知識以減少錯誤，但人無法「全知」，依據有限的知識仍會犯錯。於是人行為的最後依據，便是對自身「德性」的意識，也就是對「善」的意識，在蘇格拉底看來，這個「善」便是「真」，德便為知識。

　　每個人都有權選擇，而不受外界影響，別人也無法代替。蘇格拉底並非把「知識」灌輸給別人，因為無論積累多少經驗，自體掌握多少理論，離「本源」的距離並未縮短，仍是無知，蘇格拉底自己也不例外；所以，蘇格拉底是在啟發別人的智慧，而不是教育他人。他無法告訴人們一個萬靈的「定義」，但卻可透過揭示各種矛盾，激起人們「善」的意識，並作出決定——蘇格拉底也是這樣決定自己的命運。

　　但蘇格拉底卻從未放棄挑戰「辯證法」，因為其追求一種永恆的「知識」，而認為這種知識無法求諸外物，只能在自身尋找。

　　蘇格拉底的辯證法，表明了實踐的主體與知識間，在當時背景下有著無法克服的矛盾，人的「德」如果要成為真正的知識，仍需面臨與萬物始基一樣的問題，知識只屬於經驗與科學。

　　歷史的辯證諷刺在於：蘇格拉底認為，只要把哲學帶回人間，就可得知真理；事實卻是，人的倫理與自然領域一樣，也要探尋「本源」，而後人對這一問題的解答，必然會令蘇格拉底大吃一驚；但當人回顧哲學歷史，發現蘇格拉底最終把決定權還於「靈機」時，那麼後世如康德的哲學，也就沒脫離歐洲哲學的傳統範圍了。

　　辯證法客觀，且不隨人的主觀意識轉移，客體世界與主體思想充滿著無法避免的對立與矛盾，蘇格拉底思想的歷史經驗表明了這一點，歐洲哲學發展史也表明了這一點。

▌七、蘇格拉底的哲學──人性論

蘇格拉底要從根本上改造「人」的形象，即把感性的人改造為理性的人，以智慧和知識作為人的本性。蘇格拉底強調：人應當憑藉理性正確認識自己，並且在理智活動中確立道德價值和社會生活準則。

在西方哲學史上，辯士普羅達哥拉斯宣稱「人是萬物的尺度」，這個命題具有深刻的哲學意義，相對於古代以「神的尺度」看待萬物，這顯然是一種進步；但這個命題也存在歧義，正如黑格爾指出：「因為人是不定和多方面的，每一個就其特殊個體性說的人，偶然的人，可以作為尺度；或者人自覺的理性，就其理性本性和普遍實體性說的人，是絕對的尺度。」

既然說「人是萬物的尺度」，其中自然包含了「人是自身的尺度」，所以在蘇格拉底之前，詭辯學派也主張人要「認識自己」；但詭辯學派所說的「人」，一般只強調有自由意志的個體，只憑個人的感性經驗和慾望、利益行事，只以個人為中心評判事物。

這種思想在古希臘民主制時期有一定的啟蒙作用，後來卻走向反面，加速了民主制的蛻變。蘇格拉底看出這一點，他要從根本上改造「人」的形象，把感性的人改造為理性的人，以智慧和知識作為人的本性。蘇格拉底強調，人應當憑藉理性正確認識自己，並且在理智活動中確立道德價值和社會生活準則。為此，蘇格拉底對「認識自己」提出了新的觀點：認識自己，並不是認識人的外表，而是要認識人的靈魂；而認識人的靈魂，不在於認識靈魂的其他方面，而在於認識靈魂的理性。只有認識到了靈魂的理性，才是真正認識自己。

所以黑格爾指出：「辯士們說人是萬物的尺度，這是不確定的，其中還包含著人的特殊規定。人把自己當作目的，這裡面包含著特殊的東西。蘇格拉底也使我們發現人是尺度，不過這是作為思考的人，而如果將這一點以客觀的方式來表達，它就是真、就是善。」

在蘇格拉底看來，因為人性的本質在於理性，所以人生的最高目標，就應當追求正義和真理。因此，蘇格拉底哲學變革的一個主要內容，就是在理

性的基礎上為道德「正名」，批判辯士的個人中心道德觀，探求人的內在道德本性，確立社會生活中人的道德價值體系。這一點，就是蘇格拉底道德主義政治思想的人性論基礎。

蘇格拉底強調，人應當憑藉理性正確認識自己，並且在理智活動中確立道德價值和社會生活準則。那麼，所謂「理性」又是指什麼？可以肯定，它不是西方啟蒙時代以來的那種「工具理性」，而是一種「價值理性」；更明確地說，就是一種道德理性。在蘇格拉底看來，人只有接受良好教育，認識到自己內心的道德理性，才算明白人性，從而為道德確立根據。這表明：蘇格拉底的人性論，是一種人文主義人性論，同時為其道德主義政治思想奠定了堅實的基礎。

蘇格拉底從知識論的角度，表達了理性有限性，他的名言是：「人的最高智慧就是能夠意識到自己的無知。」正因如此，人在道德上要聽命於神而非聽命於人；在政治上既要防止個人暴政，也要警惕多數暴政。

而柏拉圖是著名的先驗論者，但他對人性和政治的理解卻具有強烈的經驗論色彩。由此，他的人性論與其師在某些方面有極大的差異。他從倫理學的角度表述了人性的弱點，認為人性天生傾向於「人不為己，天誅地滅」、「在任何場合中，一個人只要能做壞事，他總會去做。大家一目瞭然，從不正義那裡，能比從正義那裡得到更多的個人利益。」

他從政治學的角度表述了約束統治者的重要性，認為「人性的弱點使掌握權力的人尤其容易作惡」。他說：「如果誰有權勢卻不為非作歹、奪人錢財，就會被當成天下第一號傻瓜。」所以在道德上，不能過分地相信人的善良；在政治上，尤其「不能太過相信統治者的智慧和良心」。

若要抑止人性的惡在道德、政治上發作，依賴於制約。在道德上，抑惡主要依靠理性的自律；在政治上，抑惡必須依賴法治的約束。柏拉圖認為：社會意義上的最大不正義乃「沒有約束的權力」，而社會正義只能透過法律與掌權者的約束達成。他說：「人都是在法律的強迫下，才走到正義這條路上。」如果沒有法律和道德的約束，「即使是一名年輕英明的統治者，權力也能把他變成暴君。」（〈理想國〉）

雖然如此，柏拉圖仍是在蘇格拉底的人性論基礎上，對人性進行更深層次的思索。而蘇格拉底對「至善」的追求，使我們可以看到兩者對終極人性的統一認識。

■八、蘇格拉底的哲學中的神祕主義色彩

蘇格拉底的學說具有神祕主義色彩，他認為天上和地上各種事物的生存、發展和毀滅都由神安排，神是世界的主宰。他反對研究自然界，認為那是褻瀆神靈；他提倡人們認識道德倫理；他把哲學定義為「愛智慧」，他一個重要觀點是「自己知道自己無知」，而他結論說「只有神才是智慧的……」

蘇格拉底如此評價神：「我們的眼雖不能看見神，但神是使人有美德的創始者；神以管理自然界的方法，引導人類各方面的生活；只要人享有神的智慧，人的靈魂便享有神部分的性情；人的靈魂脫離身軀之後，其靈魂是永生不朽的。」

〈申辯〉篇描繪了一幅明晰的圖畫：一個非常自信的人，聰明絕頂且不介意於世俗的成敗，相信自己被一個神聖的聲音所引導，並且深信清晰的思想乃是正確生活的最重要條件。

沒有任何疑問的是，歷史上的蘇格拉底的確宣稱自己被神所引導，但那究竟是像基督徒所謂「良心的聲音」，還是對蘇格拉底來說是一個真正的聲音，我們就無從知道了。

蘇格拉底的學說具有神祕主義色彩，他認為天上和地上各種事物的生存、發展和毀滅都是由神安排，神是世界的主宰。他反對研究自然界，認為那褻瀆神靈；他提倡人們認識倫理道德；他把哲學定義為「愛智慧」，他一個重要觀點是「自己知道自己無知」，他結論是「只有神才是智慧的……」

蘇格拉底確實主張了一個新神，是道德善、智慧真的源泉：宇宙理性的神。這個宇宙理性神，是蘇格拉底的哲學追求——真正的善——終極根據。人能獲得知識，是因為得到了神的特別關愛，被賦予了一部分的神性，因而有了靈魂，有了愛智的心靈和理智，但人應當明白，人所具有的那一點靈魂

是無法與神的智慧相比擬的。所以這個新的理性神的觀念，和關於人要「自知無知」的教導，就成了推動人追求真知、批判不真不善、偽真偽善的強大力量。

在古希臘，法律被視作城邦安全的基礎，具有女神般的尊嚴，可以說是城邦真正的保護神，而在此神靈的保護下，古希臘的城邦按法律治理，任何人的地位都不得高於法律。蘇格拉底認為，法律同城邦一樣，都來源於神，是神的原則。法律最初體現為自然法，自然法也就是自然規律，純粹是一種神的意志或神有意的安排；後來城邦頒布的法律稱為人定法，雖然不像自然法那樣具有普遍性，而具有易變性，但由於人定法來源於自然法，接受和服從人定法的指導，就意味著接受和服從自然法的約束，也就是服從神的意志。一個城邦的理想狀態，必須人人守法，這既是蘇格拉底一生的理想和信仰，也是他最後慷慨身殉的內在動力。

神的觀念一直是希臘哲學的起源和歸宿，而希臘哲學的發展也不斷改變和淨化了原有的神觀念，兩方面彼此互動。而作為一位最具原創性的哲學家，蘇格拉底由敬畏神，吸取了他變革哲學的智慧和力量。他把自己看作神賜給雅典人的一個禮物，一個肩負著神的使命助人從善愛智的使者。這是他對神的敬畏虔誠，也是他對人的熱愛鞭策。而只有連繫到他的神觀念，我們才能認識他所主張的「自知無知」命題的深刻含義。蘇格拉底之死是西方文化史上意義深遠的事件，彷彿一則寓言，他策劃了自己的死亡方式，以一場浩大的審判，以法律正義的名義判處自己死刑，把自己生命的餘燼，凝成一個死亡之謎，給後人留下了一道人文學科的「歌德巴赫猜想」。蘇格拉底好像在為自己申辯，可他又有意在死亡之中尋求真理，他的死彷彿是道德與法律的合謀。

蘇格拉底的哲學與他的生活實踐融為一體，而他個人的命運與雅典的命運也不可分離。他為祖國追求善的理想，祖國卻用死刑酬謝了他的貢獻，成全了他的哲學。蘇格拉底沒有絲毫激憤、畏懼或是悲哀，依舊用他智慧的語調誠摯地奉勸一切。他明白自己是神的使者，這一切都是神的安排，而死恰恰能給他一個完美的結局。

　　蘇格拉底熱愛雅典，但更不允許神聖的理想被絲毫褻瀆，因此毅然選擇死亡；他並非不珍惜生命，但他更注重自己的靈魂，他相信神無處不在、無所不能，萬事萬物都是神有意識的巧妙安排；他沒有背叛神，既然如此，死亡就是神對他的召喚，還有什麼可猶豫的？

　　黑格爾說：「希臘精神的觀點，在道德方面，具有淳樸的倫理特性。人還沒有達到對自己的反思，約束自己的境界。」齊克果也論述道：「在古希臘文化中，人們的法律曾得到神靈的認可，對於個體具有傳統的威儀……為此希臘人求助於神諭、占卜。這樣一個環節很重要，因為人們並不是決定者，而是讓另一個外在的東西為自己決定；只要一個地方的人，還不知道自己的內心其實是如此獨立、自由，神諭就是必要的——因為缺乏主觀自由。」

　　蘇格拉底的神恰好取代了通常的神諭，更意味著從神諭與個體的外在關係，轉向自由徹底的內在性。然而，這樣的轉向並不徹底，正如齊克果指出的那樣，蘇格拉底並沒有深入思辨，而是沉浸在一種臨界狀態的歡樂中。故我們沒有看到純然自由的內在主體出現，而只是一個過渡階段的隱現。

　　但哪怕只是過渡階段，也意味著一種本質的跨越。由此，蘇格拉底不再相信城邦的神與他的立場緊密連繫（於是，蘇格拉底被控瀆神、不信神），進而將自身的立場刻畫為無知。我們都知道蘇格拉底有句名言：All that I know is that I know nothing.

　　由此，蘇格拉底被尊為世界上最聰明的人，因為裡面包含著反省與謙卑；然而，在齊克果看來，蘇格拉底的這句話並非全然是反諷，更是一句實話，也正是基於此，反諷的立場才成為可能。齊克果認為蘇格拉底的名言是實話，並非是認為他在經驗意義上的無知；相反，在經驗意義上，他是知識廣博的。

　　然而，蘇格拉底對萬物的根基，對永恆、神聖的東西一無所知，也就是說：他知道這個東西的存在，但不知道它究竟是什麼。它存在蘇格拉底的意識中，又不在他的意識中，故他就此判斷自己一無所知。於是又一次，我們看到蘇格拉底來到了一個過渡的位置，也看到了一個熱衷於啟迪人們意識自身無知的蘇格拉底。

在這樣帶有否定性的無知背後，隱隱有種肯定。因為既然知道自己的無知，那麼，這個知道背後應該有別的知識，不可能僅僅只有否定性。換言之，作為否定性的無知，暗示著肯定性的存在；然而，蘇格拉底卻在這樣的肯定性前止步。他聆聽內心守護神的提示，又一次立足於邊界，沒有深入思辨這種肯定性。因為在他看來，他來到世上不是為了拯救世人，而是為了審判世人。

蘇格拉底基於無知的反諷是絕對的、並帶有毀滅性，因為他沒有絲毫的肯定性，也不願與那些辯士同坐。他要做的是將神殿清掃乾淨，虛位以待。既然這樣的否定是絕對性的，那麼蘇格拉底驅逐的就並不僅僅是那些辯士，也驅逐了自身。正如齊克果在書中寫的那樣：「恰恰相反，他也驅除自身，使神聖的東西不被自身抵擋，選擇徑直灌注到虔誠所開啟的神志中。實際上，在深刻的修身中我們也能看到：虔敬的神志恰恰把自身的人格看作萬物中最可惡的東西。」

蘇格拉底是哲學的聖徒和殉道者，至今沒有哪位哲學家像他那樣痴迷於一種正義的生活。他充分的到人世走了一遭，而從他一生的經歷中，我們可以獲得啟發：人生總是會面臨各種遭遇，會有得意，也有失意，而即使面對不義，都要坦然接受；更重要的是，人要把關注的重點由外在轉向內在。

蘇格拉底無論是生前還是死後，都有一大批狂熱的崇拜者和一大批激烈的反對者。作為一位偉大的哲學家，他一生沒留下任何著作，影響卻無比深遠，他為希臘哲學注入了強心劑，激起了洶湧的浪濤，餘波綿延至今。

第二章 蘇格拉底的幸福思考

蘇格拉底一生幸福，因為他擁有許多我們不曾擁有的東西，總能憑藉自己的智慧讓自己和身邊的人活在幸福之中。那麼，請把你的手交給蘇格拉底，讓他引領我們走上幸福之路吧！

▋一、只有關注現實才能得到幸福

與蘇格拉底同時代的哲學家，或研究宇宙形成，或研究物體規律，而他認為研究那些都毫無作用；他只研究與人們息息相關的事，只關注人類的幸福。

他考慮哪些事物是正確的，哪些是錯誤的；哪些是健全的，哪些是局限的；哪些是正義的，哪些是邪惡的；哪些是堅韌的，哪些是懦弱的；何為國家、政治家應盡的職責，怎樣才是為國為民的政府等等。

蘇格拉底經常在公共場合出現，尤其喜歡早晨，而早晨到市場去的人們，總可以看到他在那裡；別的時候，只要是人多的場合，他也經常會出現。他到這些地方演講，只要喜歡的人都可以自由聽講。

但是，沒有人聽過蘇格拉底關於事物本質的辯論，在這方面，蘇格拉底與其他哲學家不同。那些人通常都會討論宇宙如何生成？宇宙中的物體是依照何種規律形成？宇宙是否永恆？宇宙是按何種規律走向何種結果？

蘇格拉底從不思考這類問題，因為他認為思考這類問題愚蠢且毫無意義。

他問這類哲學家：「你們研究這類題目，是不是因為對人類的事物已經有了深入的瞭解？還是因為你們認為，放棄研究人類的事物轉而研究宇宙中的事物才是正確的？」他還問：「你們這些研究天上事物的人，在發現事物的規律後，是不是就能製造出風、雨及各種氣候、節令等你們想要的東西？或者你們並沒有任何希望，只是滿足於瞭解這類事物是如何發生？」

從蘇格拉底的質問中，我們可以看出他對古希臘哲學的不滿，而他只思考關於人類的問題。按他本人的話說：關於人類幸福的事。

他考慮哪些事物是正確的，哪些是錯誤的；哪些是健全的，哪些是局限的；哪些是正義的，哪些是邪惡的；哪些是堅韌的，哪些是懦弱的；何為國家、政治家應盡的職責，怎樣才是為國為民的政府等等。他說：只有懂得這些問題的人才有資格得到人民的尊重；而不懂的人，也只比奴隸強一點。不難看出，蘇格拉底比同時代其他哲學家更務實，他討論的問題與人類的幸福相關，就比他們務實許多。

眾所周知，西方哲學史以古希臘的哲學為開端。那麼，在前蘇格拉底時期，哲學家都探討了些什麼？按蘇格拉底的話說，他們研究的都是「天上的事情」，即關於宇宙和萬物起源的話題，而且也只停留在「說說而已」。希臘哲學始於泰勒斯，幾乎所有哲學教科書都會提到他；而這位西方哲學史的第一人，在解釋世界時說萬物都是水做的，「水是最好的」這句話是他著名的格言；在他之後是畢達哥拉斯，他的理論是「萬物都是數」，認為人類之所以反判統治者，是因為吃豆子，所以教派中的第一條戒律便是禁食豆子。

其他的各種觀點，例如赫拉克利特認為火是萬物的本質；阿那克西美尼認為氣是萬物的本質；巴門尼德認為凡是能被思考的東西都存在；恩培多克勒則認為是土、氣、火、水四種元素組成了世界。這些都是研究世界的本源，是哲學的重要命題之一，在如今的社會看來，研究它完全有必要；但在古希臘時代，科學尚未萌芽，這些只是無法被證明的推理，研究它毫無意義。

蘇格拉底明智地避開這個話題，他認為討論那些無法證明的觀點，相互否認，只會陷入虛無的狀態。而人類的事物如此複雜，不適當解決人類的事務，就不足以領導人生，就無法走向幸福。

然而，蘇格拉底這個觀點，總是被同時代哲學家嗤之以鼻。直到死，他仍被當時雅典的當權者伯里克里斯認為是一個偽科學家、偽哲學家，甚至蠱惑者。而只有歷史能給事物公正的評價，現在我們可以很確切地說：蘇格拉底是人類社會學的開創者，是實用科學的奠基人。

沒有人比蘇格拉底更明白幸福的真諦，他認為：人是否幸福，要看他是否生活在一個良好的環境裡，以及他是否具備享有幸福的權利——智慧、正義、堅強、勇敢等等。否則，一個人永遠不可能走向幸福。

那些哲學家都試圖把世界變得更明朗，讓人們能更自信的把握。但事實證明：他們非但沒有弄清楚，反而讓人更加混淆。他們總是追求沒有答案的問題，或和幸福無關的問題，那麼自己就不可能獲得幸福，也不能為他人帶來幸福。蘇格拉底告訴我們：人如果不活在現實之中，而一味追求別的東西，他也會遠離現實中的幸福。

▌二、需求少的人更容易得到幸福

蘇格拉底擁有的不多，但總能滿足他的需求。他只在需要的時候才索取，便能以最少的物質滿足自身需求，他需要的只是生存必需品。他想讓所有人都明白：真正富有的人不是擁有最多，而是需求最少。蘇格拉底告訴我們：放棄虛榮，把生活目標定位在正確的位置，把慾望降到最低，才更容易得到幸福。

許多人認為，奢華才是幸福的生活，因此人們很容易產生煩惱。無休止的物質積聚、無法被滿足的慾望，都讓人們每天活在內心的無底洞中。而以下蘇格拉底和安提豐的這段對話將告訴我們：放棄虛榮，把生活目標定位在正確的位置，把慾望降到最低，才更容易得到幸福。

有一次，安提豐想使與蘇格拉底交好的人都離開他，就當著他們的面對蘇格拉底說：「蘇格拉底，我認為研究幸福哲學的人應比別人更幸福，但你從哲學收穫的果實卻截然相反，至少你的生活非常貧苦，連奴隸都不想與你生活；你的飲食、衣衫都非常粗劣，又從不穿鞋，冬天和夏天的裝束一樣；你沒有錢，而有錢可以使人高興，生活就會舒暢愉快，而你卻分文不取。你傳授給弟子知識，是想讓他們效仿你，那他們是不是也會像你一樣不幸？你是不是也成了一個教授不幸的人？」

蘇格拉底回答：「安提豐，你認為我的生活如此不幸，那麼你是寧死也不願像我一樣生活。究竟你認為我生活中令你不愉快的事情是什麼？是不是別人收取了講授知識的酬金我卻沒有，難道這樣我就不能向別人講授？是不是因為你認為我飲食不如你的豐盛，不如你的清潔、營養，你就認為不好？難道因為你認為更珍貴？難道你不知道食物的可口與否，不是取決於調味品，

而取決於人們對食物的欣賞嗎？真正欣賞食物的人是不需要調味品的。而我為何從不穿鞋，冬夏衣服都一樣？那是因為我不像別人那樣，不能忍受天氣變化和赤腳疼痛。每個人天生都體質脆弱，但只要經過鍛鍊都會變得強壯，從而更經得住疲勞與考驗。我不願做慾望的奴隸，這樣既鍛鍊了自己，又能感到愉快，還有比這更幸福的事嗎？」

「你知道，那些自認為一事無成的人不會快樂，而那些看到事業朝著自己希望方向發展的人們更快樂。但這些願望滿足而得到的快樂，是否會比獲得越來越多更有價值的朋友更快樂？一旦朋友或城邦需要幫助的時候，哪一種人更能提供幫助？是像我一樣生活的人，還是像你一樣生活的人呢？如果城邦發生戰事，哪一種人會奮不顧身奔赴沙場？是像我一樣生活簡單、隨遇而安的人，還是沒有山珍海味就活不下去的人？如果被圍困，哪一種人又更容易屈服？是像我一樣極易滿足的人，還是那些過慣奢侈生活的人？安提豐，你認為幸福在於是否奢華，而我則認為：需求最少的人才更容易得到幸福。」

從以上蘇格拉底與安提豐的對話可知：需求少的人往往更容易得到幸福。得不到幸福的人往往是因為對幸福缺乏感知，不懂幸福的真諦。他們總是為幸福定義一個高度，若沒有達到這個高度，他們總是覺得不幸福。每個人都活在慾望和不滿的掙扎中，許多人便在不滿和遺憾中抑鬱而終。幸福並不是客觀存在，而是需要感知，若滿足於現實生活，就會覺得幸福。如果每天都被慾望驅馳，就永遠不會感知到近在身邊的幸福。擁有九十九枚金幣的人，仍會不滿足為何不是一百枚；而身無分文的人有了一枚，就會很幸福。同樣一種生活，有人感到幸福，有的卻不，這的確發人深思。

一次，蘇格拉底邀請了一些人來家裡吃飯，他的妻子因飯菜簡陋而羞愧。蘇格拉底說：「不用擔心，如果他們有智慧，那麼他們都會明白並能夠忍受；而如果他們沒有智慧，我們又何必自尋煩惱？」蘇格拉底認為，肚子飽時，吃山珍海味也不會覺得鮮美；而饑餓時，任何食物都再好不過。所以，蘇格拉底可以做到不餓時不吃，不渴時不喝。因為這樣，任何一種飲料都合他的胃口，任何一種食物他都吃得很愉快，因為食慾就是最好的調味品。

蘇格拉底選擇了我們看來最差的生活：冬天穿著短衫，從不穿鞋，食物極差，房屋簡陋；但在他看來，這已經足夠了，他鍛鍊自己做到需求最少，就能在最少的需求中得到最大的滿足——這使他時刻都活在幸福中。這就是蘇格拉底要告訴我們的：只有需求最少，才更容易得到幸福。

三、創造真正的，永恆的美

每個人的容貌都是天生的，美與醜都沒資格炫耀也沒必要自卑，再美的面孔也有衰老的一天。只有美化自己的心靈，用自信和智慧塑造每個人心中的形象，才是永不衰退的美。

蘇格拉底很醜，而人們很容易想到這樣一句話：上帝是公平的。這句話彷彿在蘇格拉底的身上得到了印證，因為上帝賦予他無與倫比的智慧，那就要索取他美貌的權利。但人們關注的是什麼？是他的智慧還是他的醜？人們看到他扁平的鼻子，會認為是他在鬥毆中被人打，還是在黑暗中探索的證明？人們看到他的大肚子，會想這是他在無限奢欲中索取的後果，還是寬容和飽含智慧？

蘇格拉底從不介意自己是否給別人留下難堪的印象，他總是穿著襤褸的衣服，光著腳到處走，因為他沒有那種只有猥瑣者才有的自卑感，事實也正是如此。而經過幾千年的我們，對於蘇格拉底，只會對他的哲學津津樂道，沒人會因為他的醜而否定他的智慧。

朋友，如果你自認為不夠英俊或不夠美麗，其實你不該為此感到煩惱，而應感到榮幸——你與蘇格拉底一致。蘇格拉底可以告訴你一些事情：他並不因自己的醜而躲在家裡，也沒有任何自卑。他仍然到處去演講、播撒智慧、告訴人們幸福的真諦。他到哪裡都可以成為公眾的核心，不是被圍觀嘲笑，而是大家都靜靜聽著他的話，聆聽他的智慧。為自己的長相煩惱是愚蠢的，走在哪裡都覺得四周是鄙視的目光，擔心別人會嘲笑自己——你錯了，沒人會這樣做。就像我們只關心蘇格拉底是否是個智者，是否會引領我們走上幸福之路，而不關心他的長相。煩惱外貌只會摧毀自信，讓我們看不到自身的任何優點，沒有任何益處。

信心不足，往往使一個人一事無成。對某些事情過於敏感，對自己的缺點過於自卑，就很可能會認為自己一無是處，甚至把優點也看成了缺點；故因長相煩惱自卑，就顯得有些愚蠢。其實美醜並無標準，有的人以小巧精緻為美，有的以粗獷強悍為美；有的人以消瘦為美，有人的以豐滿為美……美醜僅此而已，沒有真正的醜。美是一種感覺，你在別人心中的感覺，這依靠我們塑造自己在別人心中的形象。蘇格拉底喜歡去公共場合，他不會考慮長相是否會遭到非議，只考慮用自己的智慧和口才吸引、征服他人，引領他人走上幸福的道路。

有了這些，人們心目中蘇格拉底不再只是個醜陋的人，反而變得有魅力，因為他擁有智慧及希望所有人幸福的精神。蘇格拉底塑造了自己在每個人心中的形象，這個形象是一種永不衰老的美，他依靠自信與智慧，使每個人永遠銘記自己：一個外表醜陋的最美的人。

美貌不是必需品，而凡是將它當作必需品的人，都會與幸福背道而馳。擁有美貌是上帝的垂青，但美貌會衰退，擁有美貌的同時，更要努力創造永恆的美。

容貌的好壞不重要，因為並不是自己創造了它，而我們也無法阻止容顏老去。蘇格拉底告訴我們，要努力看到自身的優點，用自信和智慧塑造自己在別人心中的形象，創造永恆的美。蘇格拉底要讓每個人記住：自己就是最美的人，不要讓自卑毀了自信，否則就會變成一個真正醜陋的人。

▌四、真正愛護肉體的方式是鍛鍊

饑餓的時候，總想吃美味的飯菜；天冷的時候，不願出去而留在溫暖的家裡；睡夠了仍然繼續睡，因為無所事事……在我們享受舒適安逸的時候，我們的身體已經被嬌慣壞了。總有一天它會背叛你……

蘇格拉底生活上的標準總是向最低看齊，提倡儉樸的生活。他只在饑餓時才進食，因為這時進食只是單純為了填飽肚子，使生命延續。用蘇格拉底

自己的話說，那就是：所有的感受力都被迫放在饑餓上，那樣就不會在意味覺，所吃的東西只要可以果腹，不管是昂貴或是低廉的食物，都極度美味。

蘇格拉底不僅自己儉樸，還向身邊的人提倡節儉。一次，蘇格拉底同別人聚餐，這是自備食物的聚餐，人們所帶的麵包和肉有多有少。蘇格拉底紛咐僕人們把肉放在一起，大家一起吃，因此那些肉帶得多的人覺得這樣自己吃虧了，以後也就不會再購買很多的肉。蘇格拉底就是用這種辦法讓那些富人儉樸。

席間，蘇格拉底發現有個青年不吃麵包，只吃肉。於是他對那個青年說：「每個人都把麵包和肉一起吃。而你不是因為要訓練，僅僅為了滿足口腹之欲，不吃麵包只吃肉，你這樣的行為不儉樸，而且會嬌慣了自己的身體。」

青年聽罷，並沒有停止吃肉，而是拿起一塊麵包配著吃。蘇格拉底看了，又說道：「你是用肉配著麵包吃，還是用麵包配著肉吃呢？嬌慣你的肉體，只會讓你寵壞自己，肉體的要求只會越來越高。」

蘇格拉底讓全部精神都專注於饑餓而不是味覺。把精神專注於味覺，只會在滿足口腹之欲的同時，忘記進食的根本目的，讓我們肆意嬌慣自己肉體；而同樣的專注，是成功必備的特質。專注於夢寐以求的事業及得到知識，在這些事情上花掉大量精力理所應當。這非常困難，因為不僅要控制其他慾望，甚至也要控制疲勞的感知力，這就意味著我們向自己嬌慣已久的身體發起挑戰。

不得不說，蘇格拉底又為我們做出表率，絲毫不怕艱苦。他服兵役時，表現出異乎常人的毅力。阿爾西比亞德斯在《對話錄・筵話》篇說道：「那時我們的後方補給被切斷了，所以士兵不得不餓著肚子，而這時的蘇格拉底真是了不起，他比任何人都能堅持。在戰爭中常常發生這種事，而蘇格拉底不僅每次都表現得比我優秀，也比所有人都卓絕，沒有一個人可以和他相比，而他耐寒的能力更是驚人。曾經有一次下大雪，原已經很冷的冬天更是天寒地凍，人們不是躲在屋子裡不敢出門，就是穿上厚厚的衣服把自己緊緊裹起來禦寒；蘇格拉底卻仍穿著舊衣服，赤腳站在冰上，而且他比任何一個士兵

走得筆挺。那些穿著厚厚衣服和鞋子的士兵都不敢正視他，因為他們認為蘇格拉底在鄙夷自己。」

蘇格拉底就是這樣，因為平常就專注於其他事情而不是饑餓和寒冷，久而久之變得毅力驚人，他嚴格要求自己儉樸和不嬌慣肉體，又為我們做出表率。其實這裡已經不單是儉樸的習慣，更是用受苦磨練自己的意志；並不是忍受折磨，因為在蘇格拉底看來這並不痛苦，習慣於享樂的人才會覺得痛苦，這種磨練在他看來很愜意。蘇格拉底刻意選擇那樣的生活，為了享受到磨練身體後，能承受越來越重艱苦的樂趣，並感到幸福

蘇格拉底是個節制的人，我們每個人都有簡單或奢侈的「生活必需品」，而他只需要生存必需品，無論衣食住行都只要求最低標準。他無論盛夏寒冬都穿著同一件外衣，沒有鞋襪；只有饑餓時才吃東西，只求果腹；他的家也破爛不堪，甚至睡覺時把衣服攤開當作毯子；更沒有任何交通工具，赤足遊走大街小巷──凡是可以傳播智慧的地方都有他的足跡。有人想送蘇格拉底一座大房子，他笑著拒絕了；面對琳瑯滿目的商品，他說：「沒有這些東西我照樣生活。」在稍感疲倦時他會到河裡洗個澡，只有睏倦不堪時才睡覺，但也只睡很短時間；他講授知識從不收錢，以致他晚年一貧如洗，但從未憂慮不安，反而每天都心情很好。有人問蘇格拉底：「為什麼您的心情一直很好，我從未看到您蹙額皺眉，您是怎樣做到的？」蘇格拉底答道：「我擁有了生存必需品，而我沒有那些失去它，我就會遺憾的東西。」

只追求最基本的生存必需品，不放縱自己的慾望，不嬌慣自己的身體──蘇格拉底在日常中嚴格要求自己，使他能夠在寒冷和饑餓的戰事中比別人更堅強。蘇格拉底七十歲時被判死刑，直到那時，他的身體還非常硬朗。

有人說，嬌慣肉體就像嬌慣一個任性的孩子，不能由著孩子將來背叛父母。蘇格拉底告訴我們：若真正愛護自己的肉體，就得鍛鍊它，而你會在收穫成果時感受到比別人更多的幸福。

▊五、正視失敗

在失敗面前，有的人迷失方向，有的人一蹶不振，有的人後悔莫及，有的人對下一步舉棋不定。每次失敗都只是經驗的積累，努力並不一定有結果，但在失敗後總結教訓並重新挑戰，才有可能走向成功。

蘇格拉底是一個執著於自己信念，又能坦然正視失敗的人。他曾說：「農民最擅長耕田種地，但世界最好的果實他們卻吃不到；建築工人最擅長建造房屋，但世界上最豪華的建築卻不是給他們住。相反，農民們吃的是最差的食物，建築工人們住的是最破舊的房屋。最善於帶兵打仗的人未必能當將領；最專精政治的人未必能當國家領袖；付出所有感情給最愛的人未必能一生幸福；攀附權貴的人也未必能永遠逍遙；而一心為人民著想的人未必自己就能幸福。」

誠然，蘇格拉底就是這樣，一生為人們的幸福奔波，為民主奔波，最後卻被人們無情處死；然而，蘇格拉底說這番話是什麼意思？他是想告訴我們：雖然付出努力未必能成功，但若想成功必須要努力。

蘇格拉底一生都在教授知識，教導青年不要違法亂紀，做一個正直的人，鼓勵他們培養德行，成為有利於國家和人民的人，最終引領他們走上幸福之路，更希望他們能引領更多人獲得幸福。沒有人能比蘇格拉底更虔誠、更善良、更努力、更具智慧。

可結果卻是，蘇格拉底被他熱愛的人們判處死刑，他何罪之有？一位正直、善良、智慧的導師，帶領青年走上幸福之路的導師，卻被控造教唆青年處死。而現在我們可以滿懷遺憾和憤恨地說：雅典有罪，雅典的公民有罪，因為他們親手殺死了一位偉大的導師，一位不朽的哲人，一位為人們幸福付出一切的智者。整個雅典為此蒙受千古唾罵，但這又有什麼用？這對蘇格拉底的命運於事無補，只是一種憤恨，憤恨雅典的不公，也憤恨我們的無能為力。

但蘇格拉底又告訴我們：不要憤恨。在被判處死刑的時候，蘇格拉底沒有一絲怨言，平淡地接受這個結果。因為他知道，將所有人引領到幸福之路

是個遠大的目標；而要想完成這個目標，就要抱著付出一切的決心，即使不一定能夠成功——這也許就是我們和聖人的區別吧。

蘇格拉底對自己的付出無怨無悔，更能面對失敗，面對死亡。因為他知道自己做的事情正確且有意義，於是勇往直前，哪怕失敗。而最難得的是他面對失敗的勇氣，只有具備這種勇氣，不怨天怨地，才能在失敗後盡快重新站起，繼續挑戰。

我們還有正確面對失敗、重新站起的機會，蘇格拉底卻沒有；從這點看，我們似乎比他更幸運一些。

許多人成功挑戰困難，但更多的人失敗。失敗並不可怕，這是每個人都必經的過程；可是很多人失敗後，往往認為上天不公，或認為「時也、命也、運也」，或懊悔付出不足……從此沉淪。蘇格拉底告訴我們：失敗很正常，而勇敢面對失敗才是最重要的事。古語有云：「謀事在人，成事在天。」就是這個道理。

雖然努力不一定會成功，但若不努力，只是每天等著像《聖經》故事裡的「天上掉餡餅」一定不能成功。我們只能付出百分之百的努力爭取，在困難面前不低頭，勇敢正視失敗，從中吸取經驗後重新振作，才有可能成功。

六、智慧是透過艱苦卓絕的探索取得

天生的聰明才智是神明的恩寵，而只有發揮最大的智慧才可能再次受到恩惠；若只依賴智力而不努力，就糟蹋了聰明，不僅成功會遠離你，神明也會因你的不珍惜離你而去。

蘇格拉底的智慧並非與生俱來，而是透過不斷探索真理，才成就了他的智慧。

蘇格拉底經常因專注思考而渾然忘我。一次，他和朋友一起赴宴，走著走著突然想一個問題太過入神，落在了後面；而朋友發現他不見時大吃一驚，回頭尋找才發現蘇格拉底站在一根柱子下面，叫他的名字也不回答，而宴會開始後很久蘇格拉底才入席。

不難看出，蘇格拉底的專注思考，就是他智慧的來源。

「天才是百分之一的靈感加百分之九十九的汗水」，類似這樣的警句時常在我們腦海浮現，而那些成功的人就是要告訴我們：想要成功，必須付出異常的努力。蘇格拉底說：「認為憑智力就能解決所有事的人都是瘋子。」由此可見，蘇格拉底並非生而知之，而是透過不懈的探索和付出，才獲得能夠引領人們走向幸福的智慧。

過度依賴智力、過度崇拜先天稟賦而放棄努力，卻妄圖成功的人都很愚蠢；過於自負，最終卻一事無成的人比比皆是。上天賜予一個人聰明才智，他卻不好好珍惜反而放棄努力，這樣的人必定會遭到懲罰。

蘇格拉底告訴我們：萬不可自負。想要成功，不能只依賴聰明才智，不應抱著所謂的高貴與虛榮，而是要努力探索，重新認識自己，正視努力對於成功的重要性，給自己一個正確的定位。

努力探索、腳踏實地，不過分依賴智力，才是成功的祕訣，才是通向幸福的正確方向。

七、做個聰明而有用的人

想快樂一生很容易，只要無限向世界索取就行了——但那樣沒人會記住我們。我們只是匆匆過完一生，形式地生老病死，即使有大智慧，也不為人所知。只有為他人奉獻，做一個有用之人，才能體現自身價值。

人們活著的時候，喜歡把身體某些無用的部分削減，諸如過長的指甲和毛髮；當人死後，靈魂離開了身體，親人也會把他的肉體殯葬，因為空有肉體的他不再是原來的他。我們可以看到：無用的東西，哪怕是人身體的一部分甚至全部，都會被放棄；那人的靈魂如果之於世界毫無用處，是否也會被放棄？

顯然，答案是肯定的。無價值的東西就沒有存在的必要，靈魂同樣如此。靈魂幾乎可以代表人的全部，是一個人的精神。換句話說，如果靈魂之於世界毫無用處，代表這個人對任何人、任何事都無用，他的存在毫無意義。就

像蘇格拉底所說：「那些不能在必要時為軍隊、國家或人民服務的人，就是無能的人。」

沒人願意當無能的人，但同時又迷茫如何才算是有用的人？蘇格拉底的答案是：「做個聰明而有用的人。」

聰明的人太多了，可有的人卻將才智發揮在不正當的地方。比如電腦駭客，他們聰明而才華橫溢，卻選擇了製造病毒威脅網路安全；他們雖然聰明卻沒有智慧，而真正有智慧的人，會以聰明為他人服務，成為有價值的人，既體現了自身價值，又不會遭人嫉妒——因為他帶給別人福音。

曾有人問神：「蘇格拉底是否是雅典最聰明的人？」神回答：「是的，沒有人比蘇格拉底更聰明。」

蘇格拉底知道後非常惶恐，因為他認為自己非但不是最聰明，且一點也不聰明；而由於他不明白神的意思，決心極力反駁。他先後拜訪了政治家、詩人和工匠，結果發現政治家不為人民著想；詩人不明白自己詩作的含意；工匠只是繼承了祖輩的手藝……他們不僅不聰明，而且竟然沒有意識到這點。最後，蘇格拉底得出了答案：神說的沒錯，我的確是雅典最聰明的人，因為我至少懂得自己並不聰明。

所以，真正聰明的人擁有自知之明，即只有有自知之明的人，才有可能成為有智慧的人。

在現今社會中，一些有錢人高高在上，鄙夷地看著那些為生計奔波的人，以為擁有錢財就擁有了一切——多數人都是這樣。曾有人問第歐根尼：「那位財主是不是很富有？」第歐根尼回答：「不知道，我只知道他很有錢。」「那你就是說他很富有啦！」「不是的。」第歐根尼說：「富有的人未必有錢，而有錢的人未必富有。」

此話不假，因為有錢卻沒有其他東西也只是個窮人，萬貫家產死後不能帶走分文，終將成為別人的東西。金錢只是一種證明，但擁有它卻沒什麼資格驕傲，因為有錢也不代表他是聰明而有用的人——以為有錢就擁有世界，這樣的人也算不上有用的人。

畢阿斯曾說，他覺得最快樂的事是賺錢。很多人誤解他貪財，但其實他真正的意思是享受賺錢的過程，對他來說，最快樂的事是賺錢而不是花錢。當普里埃耶城遭到進攻，大家紛紛帶上貴重物品逃命時，只有畢阿斯一人兩手空空。人們問他為什麼不帶些重要東西時，他說：「我最重要的是我的生命，它就在我身上。」畢阿斯很清楚最重要的是什麼，金錢什麼都不是，他才是有智慧的人。

我們要做聰明而有用的人，自知自己的缺點，不能過於自負；要正確認識金錢，因為那只是一種能力的證明，不代表全部；要克服懶惰等毛病，因為壞習慣容易絆住我們，使我們無法向前。一個有智慧的人一定會做有用之事，但何為有用之事？對他人有益的事，都算有用之事。小到幾句話為他人指明方向，大到付出一生為人們的幸福奮鬥，就像蘇格拉底努力引領每個人走向幸福，只關心社會和人們，摒棄虛幻的東西，只保留最實用的部分。

他以生命為代價，被指控為教唆青年，但他無怨無悔，因為他知道自己正在做有價值的事。

我們每個人都應像蘇格拉底學習，把有限的生命獻給有價值的事，才能體現出自我價值，真正走向蘇格拉底的幸福之路。

▍八、珍惜愛情，控制色慾

愛情神聖，色慾卻害人不淺。色慾使人終日沉淪，使人易於被別人抓住把柄成為獵物；最重要的是，色慾可能使神聖的愛情遭到玷汙，故應拒絕色慾，珍惜愛情。

在希臘神化中，「愛」是愛神的名字，而愛促使人們追求美和善。

聰明的最高境界是智慧，而智慧的最高境界是愛。蘇格拉底正具備這種愛，故他不斷追求美、不斷向幸福探索、不斷追求真正的智慧。他本人曾說過：「我什麼都不知道，只知道愛情。」而他的朋友們也稱他為「愛情專家」。在《對話錄》的〈會飲〉篇中，眾人曾在頌揚愛神時熱烈討論，最後以阿爾

西比亞德斯對蘇格拉底的讚揚作結。這一切似乎都暗示我們一件事：蘇格拉底就是愛的化身。

當然，這「愛」的意義早已超出了俗世的情慾，而是不斷追求真正的智慧、理性、美和善。蘇格拉底對幸福的追求已如痴如狂，可以說靈魂與愛化為一體，導致肉體遺忘了真實世界；如此，他將只具備愛，而不被肉慾控制。

雅典有一位名妓，無論是誰，只要能取悅她，就能與她發生關係。蘇格拉底一向強調自制，這種色誘對他來說是天敵，故對她產生憤慨；因此，當蘇格拉底聽到別人提起她，說這個女人美得無法形容時，他說：「我們必須去看她一眼。」這時，所有人都以為看出蘇格拉底淫蕩的本性而嘲笑他時，他只說：「我身上的確有強烈的色慾，但我已經控制了它，而不是它控制了我。」

蘇格拉底拜訪那位名妓時，有畫家正在為她作畫，而她在禮貌允許的情況下盡量多展示自己的身體；畫家作完畫後，蘇格拉底提出了一個非常尖銳的問題：「是她把美展現給我們而我們要感謝她呢，還是我們賞臉來看她，所以她應該感謝我們？」從這句話，可以看出蘇格拉底並沒有被色慾控制，反而提出了讓大家都反省的問題，不難看出蘇格拉底對色誘的鄙夷，而只有完全控制色慾的人才能有如此清醒的頭腦。

蘇格拉底認為：沒有良好的感情基礎、仁愛之心，愛情就僅僅是滿足肉體及色慾的工具。他沒有被色慾控制，沒有拜倒在名妓的石榴裙下，反而用自己的魅力、對愛情的理解征服了她。當對方提出「常到我這裡來」的「恩寵待遇」時，蘇格拉底卻回絕，表示自己並不需要她。她縱然美麗，但蘇格拉底擁有真正的愛情，故肉體的滿足對他毫無意義。

蘇格拉底說：「我寧肯鍾情於一個永世不能見面的女子，卻可以向世界宣稱『我正在戀愛』，也不願因為色慾的誘惑，把自己神聖的情感獻給一個無感情的人。」對於我們，尤其是男人，應該像蘇格拉底一樣控制慾望，而不是被慾望控制，懂得為了滿足一時之欲就付出神聖的感情不值得；而拒絕色慾還有一個好處，就是不會成為別人的獵物，更不會成為對手的獵物。

九、自知和知人

自知，即要瞭解自己有多大的能力，能為多少人帶來幸福，肩負著何種使命；要看清自己，不能自大，給自己定下過高的目標。也要知人，即細細品味每個人的內涵，於心中褒貶。

蘇格拉底是個很有自知之明的人，他知道自己肩負著引領人們走向幸福的使命，也知道自己有著常人沒有的智慧。有一次，蘇格拉底在一條巷子中遇到色諾芬，便擋住他的去路，問他在哪裡可以買到食品；色諾芬回答後，蘇格拉底又問：「那在哪裡可以使人成為有道德的人？」色諾芬無法回答，正困惑時，蘇格拉底又說：「那麼跟我走吧。」蘇格拉底知道自己是有智慧的人，自信成為引路人；他很瞭解自己，雖自信但不自大，充分領悟神諭「認識你自己」的意思。

關於古希臘德爾菲的神諭「認識你自己」，蘇格拉底和歐緒德謨有過這樣一段對話：

蘇：告訴我，歐緒德謨！你是否去過德爾菲求神諭？

歐：是的，蘇格拉底。我曾經去過兩次，每當我要做出重大決定的時候，總是希望尋求最好的建議，也就是神的建議。

蘇：你是否注意到它的入口處刻著一段銘文？那是進入神廟的必經之地，你應該每次去都能看到。

歐：哪一段？蘇格拉底。

蘇：就是「認識你自己」。

歐：哦！是的！但我並沒有留意它。他們總是催促我，我沒有機會停下來思考它的含意。

蘇：那麼，後來你有沒有想過呢？當你做出一個大決定時，你是否認為它值得思考？

歐：沒有，從來沒有……當我離開那裡時，我已經得到了神諭的建議，而且我認為沒有必要再去思考它。而我覺得我已認識自己。我的意思是，我怎麼可能不認識呢？我沒有那麼複雜。

蘇：好的，只有你勇於承認這一點。但讓我們換個角度思考一下：昨天我看見你在阿里斯泰德挑選馬匹，你是不是想買一匹馬？

歐：是的，蘇格拉底，我正要買下一匹我看中的馬。

蘇：那麼你是不是花了不少時間觀察那匹馬，以確定牠的強壯，健康和馴服？

歐：當然。我一連幾天都在牧場和馬廄徘迴好幾個小時。

蘇：那麼你是否已經想好，那匹馬能為你做些什麼，以及你要如何使用牠？你在觀察那匹馬時，有沒有根據自己的需求衡量牠？

歐：是的，蘇格拉底，我都做了。

蘇：然而，歐緒德謨，你沒有向一位預言家或祭司尋求神諭的建議，不是嗎？

歐：蘇格拉底，我認為沒必要那樣做。我自己能夠鑑別那匹馬，牠適合做什麼我很清楚。

蘇：然而，當你準備做出一個足以影響你一生的重大決定時，你卻接受了神諭的建議，而不願聽從神「認識你自己」的忠告。

歐：我想我明白你的意思，我應該像審視馬一樣審視自己。

蘇：沒錯，歐緒德謨！而且你是否認為，人們在瞭解了自己的長處和短處之後，可以做出更加明智的選擇呢？

歐：的確如此，蘇格拉底。我們的朋友波多克勒斯昨天不是還抱怨，現在這個陶匠的工作不適合他，希望找一個更能發揮他才能的工作嗎？

蘇：是啊！這正是我要和你交談的原因。我想你可能會認為，那些有自知之明的人知道什麼東西適合他們，而且知道自己能做什麼、不能做什麼。他們以自己所長，取得了成功，而避免自己不擅長的事情，遠離錯誤和不幸。

歐：蘇格拉底，我的確幾次看到那銘文，但我從未意識到它的用意。我想他們之所以要把「認識你自己」刻在德爾菲神廟的大門上，是因為如果自己做不到這一點，那麼無論從祭司得到什麼建議，都不能正確理解與實踐。

這段對話告訴我們：「自知」和「知人」都非常必要。對自己要自信而不自大，對他人要知人善任，看清他的內心，而這也是事業成功的不二法門

十、輕視金錢回報，重視感情投資

世界上有許多錢買不到東西，感情就是其中之一；世界上又有許多比錢更有價值的東西，感情也是其中之一。感情使人溫暖與快樂，有時還可以創造更多利益。

詭辯家安提豐認為：如果你很聰明，很有學問，但如果你像蘇格拉底一樣，不能把學問轉為金錢，那麼你的學問就沒有任何意義，你的聰明也不是真正的聰明；蘇格拉底卻認為，金錢的作用有限，有很多事情不能被它代替，比如幸福。與朋友分享知識，憑藉智慧與其他智者交流，以此得到更多的智慧和快樂，這遠比出賣智慧換取金錢更幸福。

蘇格拉底說：「凡人皆有自己的幻想：有的想要馬，有的想要狗，有的喜歡黃金，有的喜歡功名；而現在，我對這些均無渴望，卻熱忱地希望交朋友。我寧可結交好友，也不要最好的鬥雞或鵪鶉、最好的跑馬或獵狗。可以說我像埃及人一樣，對真誠朋友的熱愛遠勝過大流士的黃金，也勝過對大流士本人的感情，我就是一個愛友者。當我看見風華正茂的你和呂錫如此輕易地獲得了這些財寶，不分彼此時，我既吃驚又歡愉。我已進入耄耋之年，很難理解這種關係，甚至不知要怎麼做才能得到這樣的朋友。」

蘇格拉底告訴我們：與人分享精神世界，分享幸福，就會感到更幸福。

金錢不能衡量一個人的價值，同樣不能衡量朋友在人生中的意義。與朋友分享分享，那麼彼此都會幸福；把痛苦向朋友傾訴，就找到了發洩壓力的途徑，朋友也會安慰、鼓勵自己，痛苦就顯得微不足道。這就是朋友的價值，能使人感覺更幸福，而這種價值無法用金錢衡量。

蘇格拉底身無分文，但同時也是最富有的人，因為他有許多金錢買不到的幸福，比如朋友。蘇格拉底曾對交友一事感慨：「他們都在勤勤懇懇地工作，以勞動成果換取房屋、土地、奴隸及一些生活必需品。他們說，朋友是一生最大的福氣，事實上卻大多不想結交新朋友，也不關心以前的朋友。當朋友和奴隸都生病時，他們會請醫生醫治奴隸，對朋友卻漠不關心；如果朋友和奴隸都死了，他們只會為奴隸的死而傷心，因為這使他們損失，對於朋友的死卻沒那麼悲傷。只要是自己的財物，就會好好看管；而如果朋友需要被照顧，卻從不過問，為什麼會這樣？朋友難道比不上牛馬的價值嗎？哪個奴僕能像朋友一樣富於友愛，那樣熱心的幫助自己呢？人們為了吃果實而種果樹，但對於朋友，為什麼不懂得加以愛護和培育？」

看看蘇格拉底是怎麼做的吧：對於自己的朋友，無論公事還是私事的困難，他都幫忙解決；朋友若受到威脅，他會加以救援；朋友若需要照顧，他會拿出自己有限的財富；朋友順利時，他會鼓舞他們；朋友跌倒時，他會攙扶他們；朋友迷失方向時，他會指引他們……真正做到了無微不致，而與此同時，他結交了越來越多朋友。每個人都試圖做得與蘇格拉底一樣好，如此，蘇格拉底變成了最富有，卻身無分文的人。

許多人家財萬貫，卻一生孤獨，沒有一個知心朋友。他們企圖用金錢填補精神上的空虛，結果可想而知；更有甚者，踩著朋友向上爬，僅僅為了一點利益。在他們數著有限鈔票的同時，其實已經丟失了太多真正有價值的東西。

錢的作用有限，這一點我們都認同；可是有人會說：在這個時代裡，無論何時何地都需要金錢。在這個社會裡，有錢就可以主宰一切。每個人都在為錢奔波，每個人都試圖主宰別人；即使不想主宰別人，也不想被別人主宰，還是要有錢，因為只有錢才能解決問題，才能生存。

不得不承認，現今社會的確有這樣不盡如人意的地方，於是出現了許多非常「現實」的人。他們希望自己的每一次付出，都有金錢的回報；他們認為有錢才是生存的真理，於是把錢看成萬能，所做每件事都圍繞著金錢。

這個社會的確不講利益就無法生存，但利益的意義也不僅僅是錢，最難還的債是人情債。只注重金錢回報而不注重感情投資的人，未必能收穫最大利益；而如果每一次付出，都希望得到金錢的回報，那麼這樣的付出也稱不上付出，只是一樁交易，雙方都認為合理前提下的交易。其中並無人情投資，也就不要妄想繼續收穫。

付出想要得到報酬很正常，但報酬也有即時的和長久的；金錢或許讓我們看到眼前的利益，可是只有不計眼前得失，不計較近利，才能收穫最大的回報。感情投資償還感情，然而感情無價，得到的回報往往高於金錢。

付出之後想得到回報，往往越渴望越得不到——當你為自己的付出伸手要錢時，或許已經失去了很多原本可以得到的東西。所以明智的人會選擇長遠的感情投資，好讓收穫更豐碩。

蘇格拉底告訴我們：「你的付出使你變富有，但當你意識到這點並企圖索取財富時，你就會失去這種報酬。」

金錢也許毫無價值，因為在美好的世界，金錢無法衡量一個人是否精神富足，無法衡量一段真摯的友情；而現在的社會中，金錢同樣無法衡量利益，也無法衡量回報。

如果一個人交朋友時，僅僅是思考這個人能帶來什麼，那麼他不配擁有朋友。而蘇格拉底告訴我們，若能擁有真正的朋友，就能帶來無以估計的金錢以外的財富。

十一、善行與惡行

有些事物很誘人，看似近在咫尺，觸手可及，能嘗到很多的甜頭；但往往越漂亮的蘑菇毒性越大。所以不要被眼前的利益矇蔽，也不要幻想不勞而獲，善行才是通向幸福唯一的道路。

蘇格拉底認為，善行與惡行相互對立，而快樂與善同一。毫無疑問，蘇格拉底主張善行，對此，他與曼諾、加里克里斯等人有過大量的辯論，並講述了以下這個故事，有力地捍衛了自己的觀點。

在海格力斯剛成為青年，並可以獨立思考問題時，開始考慮應該走上善行還是惡行的道路。

一次，他獨自走到一個僻靜的地方，正坐下來思量時，兩個身材高大的婦女向他走來。走在前面的婦女穿著潔白的衣服，神態安詳，她有美麗的面孔，大方的舉止，而她的眼中滿溢著正直的光輝。

走在後面的婦女長得肥胖，但皮膚嬌嫩，濃妝使她的臉更加白皙紅潤，身材也比常人高大。她總是張大眼睛、東張西望，彷彿是在窺視別人是否在注視自己。

當她們走近海格力斯時，在前的婦女依然安詳地散步，而走在後面的婦女卻突然加快腳步，超越前面的婦女，跑到海格力斯面前大喊道：

「海格力斯，我知道你正在猶豫什麼，你正躊躇著不知選取哪一條路生活。如果你和我交朋友，我會帶你走上最快樂、最舒服的路。你將一輩子享受人間最好的事物，體驗人間所有歡樂。你無須擔心發生戰爭，也不需要管國家的事；你只需要思考今天吃什麼佳餚，喝什麼美酒，佳餚美酒就會送上。你可以欣賞你喜歡的東西，見你想見的人，再思考如何睡覺才最舒適。你可以毫不費力地獲得這一切，而我不會騙你，所以你不用害怕。你將得到別人的勞動果實，凡是想要的都可以毫無顧忌地得到，因為與我結交，我就會賦予你權力，可以從任何地方，用任何方法取得你想要的東西。」

海格力斯聽到這些後有點心動，他問到：「女士，請問你叫什麼名字？」她回答：「我的朋友們都叫我『幸福』，那些憎恨我的人卻稱呼我『惡行』」。

說話間，另一個女子也走近了，她說：「海格力斯，我也來和你談談。你的父母是我的朋友，我也曾關注過你幼年的教育，我希望你選擇我的路線開始生活。你將做尊貴而高尚的事情，會因此而得到所有人的尊敬，而我也

會因為你的善行更加美麗和高尚。但我想老老實實把神明的規定告訴你，不想有所隱瞞。」

「你記住：是神明賜給人一切美好的事物。但這些事物，沒有一樣是不需要努力就可以獲得。如果你想得到神明的寵愛，希望神明會再次恩賜，你就必須向神明禮拜；如果你想要腳下的土地結出豐碩的果實，你就必須辛勤耕耘；如果你想要牲畜更健壯，以換取更多的財富，你就必須好好照顧牠們。同樣，如果你想有一副強健的身體，你就必須付出勞動和汗水；如果你想得到朋友的關心，你就必須善待朋友；如果你希望獲得全希臘人的讚揚，你就必須以德行為做有益全希臘的事。想要獲得，都必須付出勞動，沒有一樣例外。」

這時，自稱「幸福」的女人插話進來，說道：「海格力斯，你聽到了，她給你通向快樂的路是如此艱巨漫長，沒有必要選這條路！和我交朋友吧，我會引領你一條通向快樂的簡便道路。」

「善行」回答：「妳這個無恥的人！妳有什麼值得炫耀的東西？那些美好的東西都將不屬於妳。妳不肯付出辛勞獲得，就不可能體驗到幸福的真諦，妳甚至連等待美好事物的耐心都沒有。妳在不饑餓時吃，在不口渴時喝。請廚師是為了品嘗美味；買美酒是為了痛飲；妳在夏天讓別人奔波為妳取得冰雪，僅僅是為了讓美酒變得更加冰涼；妳準備許多柔軟的被褥，打造各式各樣的床，只是為了能更舒服的睡覺，而妳睡覺不是因為疲勞，而是因為無事可做，想打發無聊時光；妳想盡各種辦法激起淫慾，儘管你沒有性慾的要求……妳就是這樣教唆朋友，讓他們本來正常的生活變成荒淫無度的夜生活，卻把白天寶貴的時間浪費在睡眠。妳被所有的神明棄絕，被所有善良的人所不齒；妳聽不到最美好的聲音，看不到最美好的景緻，更得不到讚美，每天只是活在編造的幸福謊言之中，誰會相信妳說的話？誰會和妳交朋友？誰會願意走上妳的道路？看吧，所有醉心於妳的人，在年輕時或許都享受了短暫的快樂，但中年以後，他們的身體變得脆弱不堪，年老時仍沒有任何智慧，無不窮困潦倒、痛苦不堪。他們所做的事給自己帶來恥辱，所有積累的困苦都會在年老時爆發。」

「和我交朋友吧！做善良的朋友。我受到所有神明的器重，受到所有人尊敬，與我結交，朝我指引的方向走，你也會得到這些。我的朋友無不心情愉快，無憂無慮地享受一切事情，他們享受自己的勞動換來的飲食，享受飲食的樂趣，因為他們只在食慾最旺盛時才進食；他們享受睡眠的樂趣，因為睡眠讓他們不再疲勞，也比懶惰的人睡得更香甜，醒來時也沒有煩惱；年輕人因獲得老年人的誇獎而高興，老年人因受到年輕人的尊重而欣喜。他們可以滿懷喜悅與成就感地回顧以前由努力換來的成就，更有動力地開始新的工作。透過我，他們得到神明的恩寵、他人的尊敬、國家的器重。即使他們離開人世，也不會被遺忘，而是會被人們永世歌頌。海格力斯，你的父母是我的朋友，如果你做出正確選擇，也一定能像他們一樣獲得更多的幸福。」

這故事中的每句話，讓我們彷彿正在蘇格拉底身邊，聆聽他的諄諄教誨。

每個人都有獲得幸福的機會，抓住機會，不做為人不齒的事，不被眼前的假像迷惑，以自己的努力與善行走向幸福的道路。

十二、自己爭取的幸福

世界上沒有完美的東西，包括愛情。期待完美愛情的人往往都在等待中度過，他們在等待中面對一次次愛情，又錯過一次次愛情，直到最後發現：自己已經失去了愛的資格。

現在的小說、電視劇、電影中，總是演繹完美的愛情：男女主角才貌雙全，又都善良可人，令人羨慕，而這是人們理想的產物。每個人都有完美愛情的夢想，希望自己與愛人情投意合，想要像小說那樣奏出愛情的絕唱。

但現實和理想總是有差距。幻想完美的愛情，最終只能感受痛苦，因為沒有事情是完美的，而蘇格拉底早已告訴我們這一點：

有一次，柏拉圖問蘇格拉底，何為愛情。蘇格拉底要他到麥田裡走一次，但是只能從一頭走向另一頭，不可以回頭，並要求他摘下這片麥田裡最大的麥穗，但只能摘一次。

柏拉圖充滿信心走進去，但過了很長時間才回來。他垂頭喪氣地回到老師面前，手中空空如也，解釋說：「我盡力看清楚每一株麥穗，無奈太多了，我只能看到一小段距離中最大的那株，可我擔心那並不是最大的，就想再看看有沒有更大的；可當我走到盡頭時，發現沒有我想要的那一株──我已經錯過了。最後只能空著手回來⋯⋯」

蘇格拉底微笑著說：「你已經明白什麼是愛情了。」

這的確可以啟發我們思考：幻想、追求完美，往往會盲目追求，或已經在等待中錯過，又或許因為看清不存在完美，只能無限接近完美，最終鬱悶一生。蘇格拉底明確告訴我們：追求完美的結果往往是失望，只有把握那些可能接近完美的愛情，才能得到幸福。

有人說，婚姻是愛的墳墓，是幸福的牢籠，走入婚姻便走入了圍城，再也無法出來，無法感受城外的事物。還是讓我們來看看蘇格拉底吧！

很多人認為，這方面蘇格拉底是不幸的，蘇格拉底的妻子是有名的悍婦，她的暴躁名聲幾乎和她丈夫一樣知名，經常在眾人面前給這位大哲學家難堪。有一次，蘇格拉底剛回到家又想出去聽演講，她的妻子責怪他不顧家，使全家挨餓，就趁他出去時悄悄在門上放了一桶冷水。蘇格拉底像往常一樣企圖偷偷溜出去，他的妻子看到了便開始叫罵，但蘇格拉底卻當沒聽到，就在開門的瞬間被弄得全身濕透。

蘇格拉底是一個哲學家，妻子卻不是女哲學家，而是一個在意鍋碗瓢盆，完全不理解蘇格拉底生活方式的悍婦。對於她妻子來說，蘇格拉底只是一個會耍嘴皮子，不為家著想，甚至像個叫化子的男人；和他在一起，就意味著每天都要吵架，每天都要挨餓，過著奴隸都不願過的生活。看到這裡，我們不得不承認：蘇格拉底和他的妻子都很不幸。他們沒有找到適合自己的完美愛情，反而找了一個對立的人，走入婚姻的牢籠。

然而真的是這樣嗎？蘇格拉底是個大哲學家，有著常人不及的智慧，而他總是將自己與妻子的矛盾化於無形。當他被弄得全身濕透時，只是幽默地說：「我知道，打雷之後一定會下雨。」他的學生問：「老師，您的確有高

尚的品格，您慈悲、忍讓，但您為什麼不教化師母呢？」蘇格拉底說：「我如果能容忍她，世界上還有誰我不能容忍呢？」

蘇格拉底無疑是偉大的智者，但他的妻子真的只是單純的悍婦嗎？他的妻子在不滿和抱怨中度過了幾十年；但在蘇格拉底七十歲被判死刑，在他生命的最後，他的妻子卻高喊著：「他是我丈夫！」她到監獄看望蘇格拉底時，還在悲傷中把自己打扮成蘇格拉底最喜歡的形象，她對獄中的蘇格拉底說：「我可以神聖地面對太陽，告訴神明我的丈夫是一個偉大、有智慧的人；而過不了多久我就會去找你。」蘇格拉底把妻子披散下來的一縷頭髮放回原處，對她說：「妳知道我們彼此相愛，妳對我嘮叨，我會好受些；妳知道，我甚至願意聽你的嘮叨……我沒能給妳富裕的生活，請妳不要怪我，而我會在極樂世界等妳，在那裡我將報答妳的一切。」

蘇格拉底和他的妻子都很幸福。他們具備旁人看似不幸的所有因素——一個是哲學家，一個是家庭主婦；一個追求心靈的幸福，一個追求溫飽；經常吵架，走入婚姻的牢籠。但他們能相守一生，至死不渝，這才是真正的愛情。

當你埋怨愛人不理解你，和你沒有共同的語言，或是不夠浪漫，或沒有上進心時，感慨沒有完美愛情，或走入婚姻牢籠時，想想幸福的蘇格拉底，或許能明白：幸福需要依靠自己爭取，而不是一味等待。

▌十三、尊重我們的父母

沒有誰會比父母更愛自己，當我們向父母抱怨、頂撞父母，對父母漠不關心時，有沒有想過他們的傷心？父母永遠不會對自己存有惡意，故試著接受父母與自己的溝通方式。

蘇格拉底認為，應該尊重父母，對生養自己的人虧欠的一切，必須盡其所能地回報：第一，用財產資助；第二，親自侍奉；第三，奉獻整個靈魂，回報自己幼年時對方給予的、無法估量的照顧與辛勞。在親人年老力衰、最

需要照顧時，回報他們的恩情，終其一生也不該講一句無情無義的話，因為即使微不足道、轉瞬即逝的話，也會招來最嚴厲的懲罰。

正義使者的化身——復仇女神，會巡察所有此類事情。當老人發怒並想在言行舉止間發洩怒氣時，晚輩應該退避三舍，因為假使父親覺得自己被兒子冤枉，自然會怒氣沖天；當他們逝世時，不奢、不儉的葬禮最好，既不超出傳統習俗的花費，也不會寒酸到不足以表現晚輩對雙親的敬意。別忘了每年祭奠已故的親人，能為他們帶來榮譽的，莫過於後人時時懷念他們，為逝者獻上一點薄禮。

百善孝為先，每個人都應該尊重、孝順父母；而關於尊重父母，蘇格拉底一次在家中的對話最有說服力：

我們知道，蘇格拉底的妻子總是脾氣暴躁。有一次，蘇格拉底的大兒子朗普洛克萊頂撞母親，因為她總是亂發脾氣；蘇格拉底看到後，對兒子說：「告訴我，你知道有些人被稱為忘恩負義的嗎？」

「當然知道，父親。」少年回答。

「你知道他們做了什麼才被這樣稱呼嗎？」

「知道。因為有人給他恩惠，他有能力卻不報答，所以稱為忘恩負義。」

「那麼你認為那些人是否是不義之人？」

朗普洛克萊回答：「是的，我認為是。」

「那麼你是否認為，對朋友不義是錯，而對敵人不義是對；對朋友忘恩負義是錯，而對敵人忘恩負義是對？」

「不，父親。」他回答：「我認為不管是敵人還是朋友，受了別人的恩惠都必須報答。」

「那麼你認為忘恩負義在任何時候都是錯的了？」蘇格拉底問，而兒子表示同意。

「那麼你想想，有誰從別人得到的恩惠比從父母得到的恩惠多？父母賜予子女生存的權利，讓他們認識每一件事。罪大惡極的人被判死刑，因為人們都認為父母賜予的生存權最為寶貴。一個男人會挑選一位好妻子生育子女，他們絞盡腦汁，取得一切他們認為子女用得著的東西。妻子懷孕，忍受懷胎痛苦，不顧生命危險將生命必需的營養分給胎兒，並在生下嬰兒後盡力哺育他，母親費盡心思揣測嬰兒想要什麼，並盡全力滿足他；他們日夜疲勞，卻沒有獲得任何東西，但他們並沒有僅僅為撫養兒子而滿足，他們還在子女有能力學習後，把自己所瞭解的、對子女有好處的知識全部教授給他們；如果得知有人能提供更好的教育，就會不惜花掉所有資財把子女送去。難道有誰比父母更愛自己嗎？」

　　朗普洛克萊回答道：「我知道媽媽付出了很多，但即使她做的比這還多，我想無論誰也無法忍受她的壞脾氣。」

　　蘇格拉底於是又問道：「那麼你認為，是野獸的凶暴更難以忍受，還是你母親的壞脾氣更難以忍受呢？」

　　「母親的壞脾氣更難以忍受，至少我這樣認為。」

　　「哦，孩子。」蘇格拉底說，「許多人曾被野獸所傷，你的母親是否打傷過你呢？」

　　朗普洛克萊回答：「這個倒沒有，但她的話任何人都不願意聽。」

　　蘇格拉底說：「那麼，你知不知道從你小時候到現在，你曾說過多少抱怨你母親的話，做過多少頂撞你母親的事，讓她心裡難受？你生病的時候，她又有多痛苦？」

　　「可我從沒有做過令她蒙羞的事。」

　　「難道你認為，聽你母親說話比話劇演員彼此的對罵還要難受嗎？」蘇格拉底問。

　　「但我認為演員可以忍受那些對罵，因為他們都清楚並不是真的在侮辱自己，自己也並非惡意侮辱對方，只是在演戲。」

「那麼，你更應該清楚母親的話更加沒有惡意；相反，她比任何人都更希望你能幸福，你又何必煩惱？難道你認為母親對你說的話有惡意？」

朗普洛克萊回答：「我並沒有那樣想。」

蘇格拉底說：「你母親如此仁慈地對待你，為你生活著想，使你不缺少任何生活必需品；當你生病的時盡力照顧你，使你盡早恢復健康，為此她甚至自己生病，她還向神明禱告，請求神明賜予你幸福……這樣的母親如果你都無法忍受，那你還能忍受什麼？這樣的母親你都不尊重，那麼你還尊重什麼？」

兒子沉默了。蘇格拉底接著問：「對於國家的英雄、將軍，或是幫助過你的鄰居，甚至與你同遊的陌生人，你是否會尊敬他們？」

「是的，我會那樣做。」

「你願意尊敬這些人，卻不尊敬比任何人都更愛你的母親，這是為什麼呢？」

朗普洛克萊低下頭說：「我錯了，沒有人比母親更愛我，我應該尊敬她。」

蘇格拉底點點頭說：「看吧，忘恩負義只是道德問題，不會被起訴。可是國家會對那些不尊重父母的人施以重罰，不許他擔任職位，因為那樣的人不會被認為報答國家是光榮的事，也不會公正地盡一個領導的職責；不僅如此，如果有人在父母健康時不尊重父母，父母去世後又不修墓，每個人都會認為他沒盡到子女的責任，每個人都會譴責他。因為他們會想：你對父母尚且忘恩負義，那別人給你的恩惠，你也一定不會報答，所有人離你而去，你就會變成連朋友都沒有的人。我兒，你如果是個聰明人，就該向神明祈求饒恕你不尊重父母的罪，否則神明可能會怪罪你是一個忘恩負義的人，而不再施恩於你。」

正如蘇格拉底所說：不尊重父母，神明、社會、朋友、道德，甚至良心都會怪罪自己。

十四、幸福來自自制

慾望永無止境，若被慾望驅使，便失去了存在的意義，且會犯下一個又一個的錯誤，甚至走上邪惡的道路；只有學會自制，控制慾望，才有可能得到幸福。

一個人的慾望永無止境，但可以獲得的東西卻是有限。無盡的慾望在有限的財富面前，總是無法滿足，這種慾望會變成邪惡，最後衝破道德界限，變成惡行。就像修水壩一樣，面對泛濫的洪水，如果堤防不夠高，一定會釀成禍患；而在無休止的慾望面前，如果自制力不夠，一定會走上無法回頭的、通往地獄的路。

無法自制的人，只能被慾望控制，這時就偏離了善行的道路。如果他得到財富，一定會揮霍一空，同時還妄想得到更多的財富，並且會給身邊的人帶來麻煩。

蘇格拉底認為：幸福來自自制；而關於自制，他與尤蘇戴莫斯曾有過這樣的對話：

蘇：「尤蘇戴莫斯，你是否認為，自由對於每個人和城邦來說，都是最高貴和最美好的財產？」

尤：「我認為確實是這樣。」

蘇：「那麼，你認為被慾望支配的人是自由的人嗎？」

尤：「絕不是。」

蘇：「那麼你是否覺得，能夠做最正確的事就是自由的，不能做就是不自由的？」

尤：「我認為是這樣的。」

蘇：「那麼你是否也認為，被慾望控制的人不能做最正確的事？」

尤：「當然，他們將失去理智。」

蘇：「也就是說，不能自制的人不自由？」

尤：「的確如此。」

蘇：「那麼，不能自制的人只是不能做最正確的事，還是在做最錯誤的事？」

尤：「不僅不能做最正確的事，而且還在做最錯誤的事。」

蘇：「那麼，如果有人總是讓奴隸做最錯誤的事，那這個人算什麼樣的人？如果這個奴隸言聽計從，那麼他又算什麼呢？」

尤：「主人便是最壞的主人，奴隸也是最壞的奴隸。」

蘇：「那麼，不能自制的人可以稱得上最壞的奴隸嗎？」

尤：「絕對可以。」

蘇：「不能自制使人們被慾望控制，對事物的好壞失去辨別能力，阻礙人們認知事物及學習能力；不自制使人的理智不健全，使人們選擇有害的事而放棄有益的事，使人們向惡走去。尤蘇戴莫斯，你認為我說得對嗎？」

尤：「完全正確，事實就是這樣的。」

蘇：「那麼，還有比這個更不好的事嗎？」

尤：「我想沒有了。」

蘇：「那麼，自制的話，一切都會向反方向發展，對人們來說就是一件大好事了？」

尤：「沒錯，自制的確是一件大好事。」

平實的話語中，讓我們完全信服了：自制的確對人來說是一件好事；另外，蘇格拉底還告訴過我們，吃、喝、性、睡眠雖然可以得到暫時的快樂，但如果一個人被這些慾望控制，他將開始一味追求這些短暫的快樂，甚至不惜有惡行；如此，即使得到短暫的快樂，必將失去真正的快樂。唯有自制，忍受饑渴、情慾及睡眠的誘惑，才能得到那些令人羨慕的真正快樂。但僅僅自制還不夠，那樣只能保證自己高尚的人格不墮落，還要學習高尚美好的事情，

學習保護自己的身體、管理自己的家庭，做有益於朋友和城邦的事。這些事情對我們大有裨益，而且還能在自制和學習中體驗那種快樂。

自制不僅是在身體享樂方面，在道德方面也適用。試想一下：一個人如果不能自制，反而被慾望支配，那麼他和牲畜有什麼分別？被慾望支配的人，往往不擇手段地追求享樂。那麼一個不擇手段、用種種惡行追求一時私慾的牲畜，還有什麼道德可言？

當我們面臨戰爭時，需要推舉一個英雄，借助他的力量保全城邦，得到最終的勝利——那我們會選擇什麼樣的人？當我們不得不把財產或兒女託付給別人，我們會選擇什麼樣的人？當我們想挑選一個知心朋友，我們會挑選什麼樣的人？甚至我們要挑選奴隸，我們會選擇什麼樣的人？我們不可能會挑選一個無法抵抗酒肉、色慾、貪慾和懶惰的人，因為只有自制的人才能得到信任。

慾望永無止境，而若想脫離墮落的苦海，唯一的方法就是聽取蘇格拉底的教誨：做一個自制的人。

十五、做自己

在別人的影子下活著，永遠只能做影子；人云亦云地說話做事，永遠不會有自己的主張。做自己，為自己的幸福而活，不要相信有永恆的定律，而透過自己的實踐得出結論。做自己，創造的快樂才屬於自己。做真正的自己，用主觀意識判斷事物，就沒有永恆的真理，也沒有絕對可靠的印象，無論多麼權威的經驗，也不要輕易相信。只有質疑權威，才能實踐、領悟、推翻不正確的道理，自己才能成為權威。

蘇格拉底覺得學生過於依賴自己，以致於很少有主見，只是跟著老師的步伐走，所以想教育一下他們。

一天，蘇格拉底像往常一樣到街上散步，學生也像往常一樣在廣場上等他。他到廣場一角坐下來後，學生都圍了上來，他們已經習慣每天聽老師講授幸福之道。

　　蘇格拉底拿出一個蘋果，對著這些虔誠望著自己的學生說：「這是我剛剛從果園裡摘下的蘋果，看起來已經熟透了，你們聞聞是什麼味道？」

　　第一個學生聞了聞，說：「是蘋果的香味。」第二個學生也聞了聞，抬起頭說：「是蘋果的香味。」其他學生也都聞了一下，都表示聞到了蘋果的香味；只有柏拉圖沒有說話。蘇格拉底見了，問道：「柏拉圖，你聞到什麼味道？」柏拉圖看著老師說：「我什麼也沒聞到。」

　　蘇格拉底微笑看著柏拉圖：「看來只有你是你自己。」他把那個蘋果給學生傳看，眾人呆住了──那只是一個蠟做的蘋果，不可能聞到任何味道。蘇格拉底對他們說：「你們犯了一個重大的錯誤，那就是沒有選擇相信真理，總是過於信任我，就像認為一件經常發生的事必然發生一樣，這無疑是錯誤的。我說這是從果園摘的蘋果，你們就相信，甚至不假思索。一個人說聞到了蘋果的香味，那可能是他嗅覺有問題；但你們這麼多人都說錯，只能說明你們人云亦云，這是沒有主見，放棄自我的表現！為什麼你們寧肯相信我的話，也不相信自己真實的感覺？為什麼你們在不確定的時候寧肯相信別人，也不相信自己的感覺？不挑戰權威，永遠無法進步，一味相信其他東西，只會讓你失去自我。我希望看到你們做真正的自己，用主觀意識判斷事物，不要人云亦云。」

　　沒有永恆的真理，也沒有絕對可靠的印象，所有事物都要親自研究才能做出結論，無論多麼權威的經驗，也不要輕易相信。只有質疑權威，才能實踐、領悟、推翻不正確的道理，讓自己成為權威；而若一味相信權威與經驗，非常容易被現實矇蔽。

　　此外也不能人云亦云不是親自研究、實踐的道理，要盡力成為第一個得出結論的人；即使不能，也要盡力完成任務，有自己的看法，而不是輕易相信他人。

▌十六、追求自由

　　失去自由是最悲哀的事，但身體的困縛並不代表不自由，心靈的自由才是真諦。不要在意身體是否自由，更不要為了身體的自由讓心靈受到困縛，否則人將遠離幸福。

　　蘇格拉底面對監禁和刑罰，沒有逃離，而是選擇勇敢地面對。

　　從以下蘇格拉底和克力同的一番對話可以看出，蘇格拉底對自由的理解多麼深刻：

　　蘇：請這樣想想，我正要逃出、或者用別的什麼名目離開此地時，法律與政府出現了，並質問我：「蘇格拉底告訴我們，你到底要做什麼？你的所作所為難道不是要毀滅我們的法律，以及整個國家嗎？你好好思考，如果法庭的判決沒有效力，可以任意廢棄、取消，國家還能存在，不會地覆天翻嗎？」克力同，我們該如何答覆類似這種話？一些人，尤其是演說家，對於法律——保證判決生效的法律，總是滔滔不絕。他會爭辯道：這樣的法律該被廢棄嗎？而我們難道回答：「是的，國家冤枉我，對我的判決不公。」我們可以這樣質問嗎？

　　克：這正是我們所要說的，蘇格拉底。

　　蘇：那麼好，假如法律說：「蘇格拉底，這豈不是你和我同意遵守的國家裁判？」我若對他的話表示驚訝，也許法律會繼續說：「對這話不必驚訝，蘇格拉底請答覆我，因為你善於問答。請問你對國家和我們有何不滿，竟至於想毀滅我們？首先，你難道不是靠我們才得以生存？你父親不是透過我們的幫助，才娶了你的母親生下你嗎？你對我們管理婚姻的法律有什麼異議嗎？」

　　我說：「沒有什麼不同意的。」「那麼，你是反對你出生後，管理、培養你們這些孩子的法律嗎？這些法律指示你父親教導你音樂與體育，難道制定得不好，指示錯了嗎？」「沒有」，我答覆。「好了，你既是我們所生、所養、所教，你能說你和你的祖先，不是我們的子孫或奴隸嗎？若真如此，你對我們就不公平了。你就不能想一想，你應該像我們對待你那樣來對待我們嗎？

由於你的父親或主人打你、罵你、或親手讓你的不幸，如果你有權利的話，你就應該打他們、罵他們，或者對他們作惡嗎？你是這樣說的嗎？難道由於我們認為應當處你死刑，你就反過來認為應竭力毀壞、顛覆國家和法律嗎？你這自稱具有真正德性的人竟至於此，還要說自己的行為是正義的嗎？你難道智不及見：國之高貴、莊嚴、神聖、神所尊重，有識者不敢犯，遠過於父母和世世代代祖先？國家赫然一怒，你必須畏懼，愈益謙讓、愈益奉承，過於對父母；能諫則諫，否則遵命，命之受苦便受苦，毫無怨言——或鞭笞、或監禁，負傷或戰死疆場。令則必行，無不正當，不得退避，不許棄職。不論臨陣或上法庭，必須完全遵行城邦和國家之命，否則他就必須改變法律；如果他不能傷害自己的父母，就更不能傷害自己的國家！」我們對此應當怎麼答覆呢，克力同？法律所說是否是實話呢？

克：我想是的。

從以上對話可以看出，相對於身體的自由，蘇格拉底無限嚮往的是心靈的自由，真正把握了自由的真諦。

詩人裴多菲說：「生命誠可貴，愛情價更高。若為自由故，二者皆可拋。」由此不難看出，自由的價值已經遠遠超過其他的精神所需因素。

奴隸制之所以會被廢除，就是這種制度限制了奴隸的身體自由。奴隸主用挨餓的方法懲治他們貪吃；使他們無法接近防止他們偷東西。奴隸被主人鎖起來，防止逃跑；而如果他們偷懶，就會遭受鞭笞。總之，奴隸主會用盡各種辦法限制奴隸自由。一個人除了生存權，最重要的便是自由權了，奴隸的自由權被無情剝奪，他們無疑很悲慘。

所以，我們要爭取自由、爭取幸福，因為沒有自由的人根本不會幸福；然而，自由的真諦是什麼？難道僅僅是不被捆縛住雙腳嗎？

蘇格拉底一生窮困潦倒，他不能享受佳餚，不能喝美酒，不能住大房子……以經濟衡量的話，他屬於社會最底層。在多數人眼中，他有許多事做不到，身體的自由嚴重受到限制，但他卻是個自由者。他不僅是自由者，還是自由民眾的導師，自由的哲學家，自由的演講家，自在地享受著生活，不

被任何事束縛。他或許缺少身體的自由，但他擁有精神的自由，而這對於一個嚮往自由的人來說已經足夠了。

每個人都嚮往自由，許多人認為：在社會裡，只有擁有金錢才能不被人奴役，獲得自由。但那些人雖然腰纏萬貫，得到了身體自由，卻永遠偏離了最初的軌道，失去了心靈自由。故金錢不是衡量自由的標準，窮人也可以擁有自由，富人反而為錢所絆；而若不放手，永遠得不到自由。

心靈的自由才是自由的真諦，即使失去身體自由，心靈卻可以飛向任何嚮往的地方。這不禁讓我們想起那些在敵人面前堅貞不屈的人們，他們明白即使被永久監禁，但擁有心靈自由，就擁有了真正的自由。

不要試圖脫離社會中的奴役與被奴役，那將會徒勞無功，而蘇格拉底早在兩千多年前就告訴我們了。如果你真的渴望自由，就要保持高尚的情操，不要在意身處何地，因為只要心靈自由，就擁有幸福！就像蘇格拉底一樣，雖然被法律所困，但在真理面前他永遠自由；而若貪圖一時的身體自由而逃脫，那麼他將永遠活在道德和真理的譴責中，永遠失去自由。

第三章 蘇格拉底的真理思考

蘇格拉底有著傳奇的一生，一生不斷追尋真理，最終卻得到一個所有人都無法釋懷的結果——除了他本人。也許我們還需瞭解一下他所謂真理。

▌一、真理是萬物的尺度

在蘇格拉底的時代，雅典哲學曾分成兩派，一派研究自然現象，另一派探討人間規則。雖然蘇格拉底研究過自然科學，但他曾說：「我的朋友不是城外的樹木，而是城內的居民。」這充分體現他對人類的重視遠超過自然。當時有人宣稱「人是萬物尺度」，蘇格拉底則堅決反對，認為只有真理才是萬物尺度，故只有不斷尋求真理，按真理約束自己，才是正確的道路。

中國偉大的思想家孔子過世後十年，又一個偉大的思想家出生於雅典，他便是被稱為「西方孔子」的蘇格拉底。當時的雅典率領著希臘聯軍擊敗了波斯人，成為海上新強權。雅典進入了黃金時代，成為希臘聯邦的霸主。但持續了二十年的戰鬥，讓希臘外強中乾，一方面，希臘城邦內部成員的關係十分緊張；另一方面，雅典因為掌握著愛琴海十分霸道，又與友邦科林斯和邁加拉的利益衝突，導致後來長達二十七年的伯羅奔尼撒戰爭，所謂物極必反，正是如此。戰爭時雅典艦隊在錫拉庫斯附近中了埋伏，元氣大傷，終於在頑強支撐了九年後走向沒落，各城邦紛紛獨立，雅典經濟受到極大創傷，人民衣食不飽。

蘇格拉底正好經歷了雅典的衰敗階段，他也曾參與伯羅奔尼撒戰爭，但他所思考的卻是：雅典有著如此偉大的文明，為何也會衰弱？是因為戰爭失敗嗎？還是人民太窮？

蘇格拉底在不斷的探尋後，終於得到答案：那就是雅典人驕傲自大，沉溺於物質享受，而遺忘了心靈深處的高尚需要。

他曾說過：一匹千里馬整日只是吃、睡不想奔跑，於是牠越來越胖。神派來一頭牛蠅，叮醒了千里馬，馬醒來之後，非但沒有感激，而是用尾巴打死牛蠅，繼續睡覺。

蘇格拉底身強體壯，一年四季從不穿鞋；他相貌醜陋，智慧卻可以感染、吸引每一個與他接觸的人。他的母親是一個產婆，所以他也經常把自己比作替人接生智慧的嬰兒，但他也說：「智慧是來自於自己的體會，我不能給你智慧，只能給你知識。」

在蘇格拉底的時代，雅典哲學曾分成兩派，一派研究自然現象，另一派探討人間規則。雖然蘇格拉底研究過自然科學，但他曾說：「我的朋友不是城外的樹木，而是城內的居民。」這充分體現他對人類的重視遠超過自然。當時有人宣稱「人是萬物尺度」，蘇格拉底則堅決反對，認為只有真理才是萬物尺度，故只有不斷尋求真理，按真理約束自己，才是正確的道路。

蘇格拉底曾說，人們的內心深處有一個精靈，我們做任何事情的時候，它都在觀望。當我們想做壞事時，良知的精靈就會阻止我們；但若這是一件應做的事情，精靈就不會出現。

▌二、人生需要反省與檢討

蘇格拉底在一條探求真理的路上，他反省自我，與人辯證事物的本源和知識的有無；他承認自己的無知，並幫助他人認清這一點，哪怕不被世人理解，也依然無悔。

蘇格拉底看清了時代的危機，他知道自己的使命是「追求真理」，他認為「沒有經過反省與檢討的人生，並不值得」。

他追求最偉大的真理，所以中年後蘇格拉底的身分是「老師」，但這個老師不喜歡把上課變成演講，而是與學生溝通；甚至整天在街上閒逛，一有機會就找人談話，而在聊天過程中，更瞭解其他辯士的想法，發現自己的不足，更深刻的瞭解真理，才能更好的自我檢討。同時，作為一個智者，也把

真理與知識帶給許多人，使這些人學會自省。面對真理，他有很多身分：學生、老師、智者等。

與人聊天時，他首先告訴對方自己的想法，然後提出問題，向對方請教。例如他總是提醒別人，以前的知識都是別人教導的觀念，不能只是被動接受，而要主動思考。這種反問的方法，使蘇格拉底開始思考生命的意義，得到真正的智慧。與蘇格拉底聊天，會使人變得迷惘、困惑，隨之不安和憤怒，因為自己從有知變成了無知。蘇格拉底則回應：「我也一樣的無知與困惑啊！」但他如果不是看到了自身的無知，又怎會去認真思索生命的意義？人們開始思考生命的意義，就是開始自我反省，也就更接近幸福和真理。

▌三、沒有「小聰明」，只有「大智慧」

偉大的哲學家能否用哲學處理家庭關係？他對哲學，對尋求真理痴迷到了什麼程度？下面將會一一給解答，使大家瞭解：蘇格拉底的大智慧如何有別於他人的小智慧。

蘇格拉底個性相當隨和，但即使是古希臘著名的哲學家，也無法解決全部的問題。至少在照顧家庭方面，蘇格拉底是完全的無知，他不懂得如何照顧家庭，甚至連自身的生活起居也無法安頓好，與妻子相處得並不十分融恰。他沒有一份正經的工作，雖然是老師，卻從沒收過學費，只是靠政府的公民津貼與上輩的遺產勉強度日，因此蘇格拉底的家庭生活相當拮据，妻子也因蘇格拉底不賺錢時常向他抱怨；儘管如此，蘇格拉底還是每天上街與人談話、辯論。

蘇格拉底的隨和也不僅表現在對待妻子上：一天清晨五點多，蘇格拉底還在熟睡，有人來敲門。蘇格拉底睜開眼，問來客是誰，那人回答：「我準備去聽普羅達哥拉斯的演講，他可是相當有名的人！你要與我一起去嗎？」結果，還沒睡醒的蘇格拉底真的起床，與來者一同去聽演講了。

蘇格拉底窮盡一生追求永恆的真理，沒有「小聰明」，卻有著常人無法企及的「大智慧」。他說：「有些人注定要為人類而活，在世人的眼中，他

們也許不完美，但他們的心靈卻有著非凡的定力與理想。」這便是蘇格拉底一生的寫照。

四、在不斷探索與質疑中尋找真正的智慧

蘇格拉底面對世人真理的「無知」，面對這個內在早已萎靡的城邦，如何堅持他的探索？他的「愛智」如此痴狂，卻為何總是自認無知？本節將為蘇格拉底之心埋下伏筆。

蘇格拉底藉著每天與人談話自我反省，他從中體味到：一個人假如只是一味按照早已安排好的生活，而從不懷疑、從不反省，探求自己為何總是這樣做，也不理解何為對、何為錯，分不清善惡，或是自己為何要堅持某些既定價值，那麼他就絕不會明白真正的智慧，甚至不懂自己存活的意義，因此其生活也不算人的生活。

蘇格拉底與格勞孔的一番對話，恰到好處地詮釋了他不斷在探索與質疑中，尋找真正智慧的主張：

蘇格拉底：讓我用一個比喻說明人的本性開明或不開明吧！假設人們生活在山洞裡，陽光從洞口照射進來，人們自幼生活在這裡，他們的腿和脖子被鎖鏈拴著，不能移動，只能看到前面的東西，也無法轉頭後回顧。在他們後面，上方有一個火堆，遠遠發光發熱，在火堆與囚徒之間有一道隆起的牆。你（格勞孔）會見到長路上的矮牆，像一個螢幕，木偶在它前面表演，影子映在它上面。

克：我彷彿看見了。

蘇：你看見了嗎？人們從牆的前面走過，有的攜帶器皿，有的拿著木偶，有的拿著木製或石製的動物，有人說話，有人則沉默不語。

克：你向我展示的是奇異的景像，他們是奇特的囚徒。

蘇：他們像我們一樣，只能看見自己的影像和別人的影像。這些影像是火光照在對面的牆上造成的嗎？

克：的確如此，但如果他們的頭不能移動，怎麼能看到影像之外的東西？

蘇：對方既然以這樣的方式出現，那他們只能看見對方的影像嗎？

克：是的。

蘇：如果他們彼此交談，那麼他們不是可以假設，他們所談及之物事實上在他們面前存在？

克：非常正確。

蘇：進一步設想，囚徒聽見來自山洞另一邊的回聲，那麼他們會不會認為，過路者的聲音就是影像的聲音？

克：他們會那樣想。

蘇：因此我說，對於他們而言，真理不過只是影像而已。

克：肯定是這樣。

蘇：現在再看一下，如果這些囚徒被釋放，糾正自己的錯誤，會有什麼結果？首先，當有人被釋放，突然站起來，環顧四周，走了幾步後看見光亮，感到極不適應，光使他十分痛苦，他看真實的光反而不如以前看影像舒適。倘若這時有人告訴他，他以前看的東西都是虛幻的，而現在他比較接近真實，他的眼睛朝向比較真實的存在。那麼，他會怎樣回答？你可以再設想，他的指導者又指出：這是他們見過的物體，要他們說出名字，他不是更加迷惑嗎？他不是疑惑現在所見之物，反不如以前所見的影像清楚嗎？

克：確實如此。

蘇：如果他被迫正視光，眼睛會感到難受，便會避開他能夠看見的對象。那麼難道他不會，從前認為真實存在的東西，比他現在所見的東西更清楚嗎？

克：是的，的確是這樣。

蘇：再設想，假如他被強迫走到陽光曝晒下，他不會病苦和憤怒嗎？接近光，眼睛會感到暈眩，完全看不清被他稱為真實的東西。

克：對，完全不是當時所見的東西。

蘇：他需要逐漸習慣外界的光線，先要看最清晰的影像，再看人們和物體在水中的反射影像，再注視月光、星光和天空。他看到夜裡的天空和星星，不是比白天看到的陽光更舒服嗎？

克：確實如此。

蘇：然後，他繼而主張，太陽是季節和年的計算依據，是世界萬物的保障，是萬事的原因，是這樣嗎？

克：是的。他首先看到太陽，然後思考自己。

蘇：當他回想自己的居住地、洞穴中的智慧和獄友時，你不認為他會慶幸自己的變化，不會憐憫獄友嗎？

克：確實會這樣。

蘇：如果洞穴中凡能敏捷觀察來往之人，能找出何者在先，何者在後，何者是一起來，並由此推斷未來者，可以得到獎勵。你不認為他會關心這種榮譽，或嫉妒得到獎賞的人嗎？他不會同意荷馬的「寧為可憐的主人，也不為可憐的奴隸」嗎？難道他不願意以自己的生活方式思考嗎？

克：對，我認為他寧願受其他苦，也不願擁有錯誤的觀念，以這種悲慘的方式生活。

蘇：還可設想，這個人若離開陽光，重新回到洞穴，他的眼睛還能適應黑暗嗎？

克：他沒辦法適應。

蘇：甚至，他若馬上與未出過洞的囚徒一起計算洞內的影像，但他的視力尚未恢復，那不是可笑嗎？

克：是的。他會被其他囚徒笑說，出洞後反而把眼睛弄瞎了，而那些曾經想出去的囚徒就會打消出去的念頭。

蘇：親愛的格勞孔，這只是一個比喻，而你現在可以把它加在你以前的論點上：監獄是視覺世界，火光是太陽。倘若你願意按我表述的粗劣信念，

把出洞旅行解釋成靈魂上升到智慧空間，那麼你便不會誤解我。不論正確與否，我的看法是：在知識世界中，善是最後出現的觀念，只有努力不斷探索，才能認識。而當人們認識它時，就會明白美麗和正確的普遍創造者，是可見世界中的陽光，是智慧世界中理性和真理的源泉。

蘇格拉底認為，人只有不斷地探索和質疑，才能找到真正的智慧，故他喜歡用反問、辯證、歸納等方法與學生討論問題，他以無知的態度面對，讓他能更好的尋求真理。

▌五、做認為對的事

即將步入法院蘇格拉底，是如何巧妙的與人辯論？他是如何以豁達的心面對審判？蘇格拉底最後的辯護是什麼樣子？他又為何選擇了死亡？

蘇格拉底執著於追求真理的過程中，得罪了當時全部的權威人士。當蘇格拉底年近七十的時候，接到了法院的傳票，他被指控有兩大罪狀：第一，不相信雅典的神，自己創造新的神；第二，腐化雅典年輕人。

蘇格拉底有自己的做人原則——做自己認為對的事情，即使付出任何代價都值得。他一生都在追求真理，我行我素，甚至被告上法庭時，他仍想藉此機會傳授見解給他人。

在天還沒亮的時候，蘇格拉底就已來到法院門前，打算為自己辯護。這時，他遇到當時一個年輕的神學家，叫歐西弗洛，正準備來法院控告自己父親，理由是父親對神不敬。起因是他父親處罰一個犯錯的長工，把長工捆綁後丟入山溝，再派人去請求神諭，想讓神決定該如何處罰他；結果神諭還沒得知，長工就先凍死了，而歐西弗洛認為父親的行為對神不敬。於是蘇格拉底問他：「什麼叫做『敬』？」

歐西弗洛回答：「神喜歡就是敬；神不喜歡就是不敬。」蘇格拉底又問道：「有那麼多位神，你怎知道他們的意見是否統一？到底哪些神喜歡的才是對的？」其實蘇格拉底是要告訴這個年輕人，應該去做「自己認為對的事」，

而不是「神會喜歡的事」。他們辯論了很久，而歐西弗洛多次陷入沉思，越來越迷茫，最後不等法院開門，便轉身而去了。

雅典的審判方式是由公民輪流擔任法官，因此法官席上坐了五百個人，共同裁定蘇格拉底是否有罪，其中絕大多數人都比蘇格拉底年輕。蘇格拉底非但沒有放棄自己的信念，依然執著追求真理，而且對法官團說：「我活在這世上一天，就要教授哲學，我要問街上所有人：『朋友，你對智慧和真理如此冷淡，對靈魂漠不關心，不覺得慚愧嗎？』」

這顯然激怒了法官團大多數人，表決結果是兩百八十票對兩百二十票，判定蘇格拉底有罪。

雅典當時的法律是：被判有罪的人可以有替代懲罰方式，或許辛苦，卻可以保住性命；然而，當法官團問蘇格拉底想用什麼刑罰代替死刑時，蘇格拉底卻說：「應該懲罰我被供養在英雄館，讓我老死其中，這樣我便勉強考慮不上街找人談話。」接著又說出聽起來像是罵陪審團的話：「我不知道你們聽了原告的話後有何感想，但我必須承認有幾次我差點失去控制，因為他們講的都不完全是事實，而你們應該知道這一點！」

「梅勒托告訴你們，我是一位聰明的演說家，但那是一個無恥的謊言！而你們很快便會發現他完全是一派胡言。」

「他警告你們要提防我的能言善辯，注意我的陰謀詭計，這純粹是胡說八道！你們沒必要因此害怕一個如此坦率的老人。我並不是一個演說家，除非這個詞的含義是說真話的人。

你們都知道，儘管我已經七十歲了，還是第一次被告上法庭，對於我來說，這裡的規則完全陌生。我沒有能力發表適合法庭風格的演說，即使我想也辦不到。正因為如此，有幾位能說會道的好心人主動想為我寫辯護詞，以供我在法庭上宣讀。但我捫心自問，對於一個像我這樣德高望重的老人來說，以這種方法博取法庭同情並不合適。

我沒有接受他們的好意，決定用我平時說話的方式傾訴心裡話。就像一個外地人不懂阿提卡方言，只好用自己的方言打招呼，而我想你們會原諒他

的愚昧無知與笨口拙舌；因此，請你們也用同樣的態度，寬容我這個不善言辭的老人。各位先生，請不要在意我的說話方式，而只關注我陳述的事實，這是我的職責。

我首先要談談人們很久以前一個對我的指控：『有個狡猾的人叫蘇格拉底』，人們常說。『他喜歡探討一些不可思議的奧祕。他是個狂熱分子，無神論者，還是個討厭的蠱惑者——對合理言論提出質疑的專家，要當心蘇格拉底，他可以把純粹的廢話當成真理！』

這些誹謗我的謠言雖然是構陷的，但卻被許多無知、無恥的傢伙不斷重複。說實話，我最怕的東西莫過於這些謠言。我知道，你們年少無知時受過他們的影響，故我要全力擺脫此形象。

還有，現在法律要求我為自己申辯，而我希望能夠因為大家取得成功，儘管希望非常渺茫。

我現在受的指控究竟是什麼？在我看來，它不過是重複以前的流言蜚語。即一方面指控我研究不可思議的東西，一方面指控我談論邪惡的話題。

我把它們通通視為謊言，建議你們都拋之腦後。陪審團的諸位，你們當中不少人曾與我交談，而有更多人聽過我談話。現在我想請你們根據親身經歷告訴其他人：有沒有聽過我以內行的口氣，討論過巫術或神祕知識？

此外，我還想請你們公開宣告：有沒有親耳聽過一個殺人犯提供如何除掉他人的建議？你們沒有聽到過，不是嗎？

事實上，我根本不知道這些東西，我之所以不收學費，就是我沒有什麼特長、祕密或技巧可以傳授。

然而，我知道你們當中有些人會表示反對，並且會說：『蘇格拉底，我們都知道無風不起浪的道理。因此我們猜想，關於你的流言蜚語都不是空穴來風，而如果你現在告訴我們自己的問題在哪裡，就省事多了。你究竟做了什麼，讓一半雅典人都仇視你？』

在我看來，這是一個合情合理的問題，也是一個公正的問題，因此我要盡最大努力回答。給我帶來麻煩的原因就在於此：我的確有一種非同尋常、令人困惑的才能。當我告訴你們，這種才能就是給我帶來麻煩的原因時，你們可能會認為我在開玩笑；當我再次聲明它不是什麼神祕或超自然才能時，你們更加會如此認為，任何一個說我擁有神奇能力的人都是騙子，因為我的才能是世俗的才能。

我只是一隻派來叮咬雅典人的『牛虻』，我們的國家就像一匹大馬，牠有著無窮力量，卻非常懶惰；而如果沒有一隻『牛虻』刺激牠，牠就會變得更加愚蠢。

在過去三十年裡，我沒有放過任何一件事、任何一個人，包括我自己。我把整個生命都獻給了城邦，而忽視大多數人關心的東西：財富、軍事領袖和政治服務。

只要我活著，就絕不會停止向世人揭露事實真相，不顧後果說真話已經成為我固守的原則。而我相信，這樣只會傷害那些說假話的手藝人、高人、辯士、政客或神靈。」

這便是蘇格拉底面對死亡的有力辯辭，他真正的意思是：讓他放棄對真理的追求，是比讓他死更殘酷的處罰，但顯然並沒有多少人領會。

法官團更加憤怒，第二次表決結果是三百六十票對一百四十票，更多人判定他死刑。

做自己認為對的事，追求永恆的真理，而蘇格拉底一直堅持到底……

第四章 蘇格拉底的教育思考

　　蘇格拉底不僅是一位哲學家，也是一位教育家，他把哲學家的沉思與教育家的責任結合，審視和指導現實生活，提出許多重要的哲學和教育問題。

▌一、蘇格拉底重視教育

　　「天賦最優良、精力最旺盛、最可能有所成就的人，如果透過教育而懂得做人的話，就能成為最優良、最有價值的人。」──蘇格拉底

　　蘇格拉底是古希臘的教育大師，他對教育的功用有極高的評價。在他看來，天賦差的人固然需要教育，但即使天賦好的人也應接受教育，因為「天賦最優良、精力最旺盛、最可能有所成就的人，如果透過教育而懂得做人的話，就能成為最優良、最有價值的人，創造不朽的事業」。為了培養「最優良、最有用的人」，蘇格拉底以教育青年為己任，認為訓練大批擁有聰穎智慧、美好道德的人才治理國家，貢獻遠遠超過自己參與政事。他說：「與其自己治人，訓練能夠治人的人更為有用。」

　　蘇格拉底沒有設立過學校，但他不辭辛勞的教育青年。不論冬夏，黎明即起，穿上一件破舊的長袍，赤腳走上街頭，或站在市場中，或坐在神廟前，有時還在體育場的林蔭道上，跟年輕人討論各種問題，如戰爭、政治、法律、婚姻、友誼、藝術等，特別熱衷於探討道德問題。他認為人們只有辨明善惡是非，才能有正義、光榮和美好的行為，社會上的道德面貌才能改善。

　　蘇格拉底的教育方針是「有教無類」，在他的聽眾中既有本國青年，也有異邦學生；既有富者，也有窮人；既有上流階級子弟，也有鞋匠、木匠等百姓。總之，他把自己豐富的知識，毫不吝惜地教授給所有人。

　　跟當時周遊於希臘城邦的辯士派職業教師完全不同，蘇格拉底對於那些渴求知識和美德而前來聽講的人們，從不索取分文，當辯士安提豐譏笑他「不願藉教學收取酬金」，雖然「可能是一個正義的人，但絕不是一個明智的人」時，蘇格拉底反駁說，那些教人智慧，索取高額酬金的詭辯家，實際上是「智

慧的出賣者」，為了金錢而出賣自己的智慧，而「出賣智慧就是貶低智慧」。蘇格拉底認為，把自己的知識教給有才德的人，就會獲得朋友，這就是最大的獲益，何必還要索取金錢？

蘇格拉底的教育不拘一格，因材施教，取得了良好效果。對於驕傲的人，蘇格拉底教他認識自己的無知，對於懦怯的人則給予更多鼓勵。

蘇格拉底從不誇誇其談，而是身體力行作出典範，比如：他在教導「與自己交流的人在飽食、性慾、睡眠、耐冷、耐熱和勞動等方面，都要學會自制」時，就以身作則樹立榜樣。

對此，辯士安提豐有生動的描述：蘇格拉底的生活是一種「奴隸都不想繼續跟隨他的生活」、「他的飲食最為粗陋」、「他穿的衣服不僅襤褸不堪，而且沒有冬夏之別」、「他既無鞋襪又無長衫」、「他不因天氣太冷而留在家裡，也不因天氣過熱而與人爭著乘涼」……總之，他要求別人做的，自己首先做到。

正如蘇格拉底的學生色諾芬所說：「他的實際行動要比他的言論，更能體現出他是一個自制的人。」

蘇格拉底對陶冶人性、培養人材的長期教育，得到時人和後世的讚譽。而柏拉圖站在老師的立場上說：蘇格拉底遠遠超過伯里克里斯，因為伯里克里斯只是在政治上圖強，蘇格拉底卻以培養德性樹立了良好的政治。

▌二、論「美德即知識」

在論及美德和知識的關係時，蘇格拉底提出了一個著名的命題「美德即知識」。這一命題揭示了教育和道德的關係，即教育的目的就是發掘、發展人的美德和善。

美德和善可透過教育、學習各種知識獲得。美德是善，而對人而言，善就是節制、勇敢、正義等；而掌握知識的過程，就是獲得和完善美德的過程。

不過，蘇格拉底所說的知識，指一種理性的普遍知識，即倫理道德的知識。因為他認為各種自然知識不可靠，只有人際間的相關知識才最為可靠與實用。

美德還包括對父母的孝道、兄弟間的友愛、朋友間的友誼、信任等，這些都靠教育來完成。

蘇格拉底的命題中也包含了「知識就是美德」的含義，因此無知的人就是不道德且可恥。人們應承認自己的無知，把握一切可能的機會獲取知識，成為一個道德高尚的人。

蘇格拉底認為，人雖有天賦的差異，但是都應接受教育獲得知識，以完善美德；而僅擁有美德還不夠，還必須擁有健康的身體，因此要參加各種活動，並經常鍛鍊。

■三、「蘇格拉底反詰法」—— 用談話法教學

「蘇格拉底反詰法」是一種對話式教學，並不是將原理直接教給學生，而是從學生熟知的具體事物開始，透過對話、提問和討論等方式，揭示學生認知中的矛盾，刺激學生在教師幫助下尋找正確答案，從而得出正確的原理。

1. 蘇格拉底是「回憶說」的創始人

蘇格拉底認為，一切知識都根植於每個人的靈魂中，因為不是從外灌輸進去，故需要教師引導出來。而他關於「回憶說」的理論，被柏拉圖繼承與發揚。

所謂老師，至少在柏拉圖的〈美諾〉篇以來，是這樣被認知：「他並非把所知交給一位無知的人，而是致力於這樣工作的人——他啟發學生重新提出問題。而這一工作策略中，最重要的是：讓學生認知到自己還無法明確表達，但實際上知道的知識，其中包含打破那些妨礙理解的事物、壓抑學生心靈的各種力量，而教師需要不斷提問的理由正在於此！」

〈美諾〉篇中要論證的中心問題——個人知識只是「被回憶起」。柏拉圖認為，人的靈魂不朽，所以一個人的知識應是先天具備，教育只是「知識從內部成長」，是一個「被提醒、回憶的過程」。

2.蘇格拉底十分注重思考

在色諾芬的《回憶蘇格拉底》中，記述了蘇格拉底與學生有關「正義」和「非正義」的對話。蘇格拉底要求學生區分成兩類，正義歸於一類，非正義歸於另一類。他首先問「虛偽」歸於哪一類？學生答，歸於非正義一類。蘇格拉底又問：偷盜、欺騙、奴役等應歸於哪一行？學生答，歸於非正義一類。蘇格拉底反駁道，如果將軍懲罰了敵人，奴役了敵人，在戰爭中偷走敵人的財物，或作戰時欺騙敵人，這些行為是否屬於非正義？學生最後得出結論，認為這些都是正義，只有對朋友這樣做是非正義。蘇格拉底又提出：在戰爭中，將軍為了鼓舞士氣，以援軍快到的謊言欺騙士兵；父親以欺騙的手段哄孩子吃藥，使孩子恢復健康；一個人因怕朋友自殺，將朋友的劍偷走，這些行為又歸於哪一類？學生得出結論，認為這些行為都屬於正義，迫使他們收回原來的主張。

這就是蘇格拉底的教學方法，透過雙方辯論，一問一答，不斷揭露對方的矛盾，迫使對方不得不承認錯誤，從而否定自己原來肯定的觀念，求得一般的概念。

這種方法當時叫做「辯證法」，而蘇格拉底是西方最早使用「辯證法」一詞的思想家，在與學生討論時，最初幾個問題往往引導出後面的問題。如此，教師要麼將學生引導向更高層次的真理探索，要麼指出學生答題時的各種矛盾，以及推理過程的缺陷。蘇格拉底的教學方法是一個邏輯推理和辯證思考的過程，要求學生對既存的概念和定義進一步思考，而不是人云亦云，重複權威和前人的話。蘇格拉底的教學方法，對於培養學生獨立思考的能力、懷疑和批判精神，以及西方教育和學術傳統都有深遠的影響。

四、一種教育方法──「助產術」

蘇格拉底的母親是一個產婆，故他從小跟著母親替婦人去接生，而這段經歷在蘇格拉底心中留下深刻的印象，使他後來從助產中得到啟迪，創立了一種教育方法──「助產術」。

在當時的雅典，人們普遍認為智慧生來即有；蘇格拉底則認為，知識和美德能透過受教育得到，唯一的困難是缺少既懂美德又能教授的人。儘管蘇格拉底認為自己沒有智慧，不足以施教於人，卻甘願承擔社會道德教師應盡的義務。

蘇格拉底經常與青年交流，教育、引導他們，過程中創立了一種很獨特的教育方法，基本原則是：回答問題必須非常簡潔乾脆，且只能回答問題，不能提出別的問題或反對，兩人可以輪流提問，但須雙方同意。這種方法帶有辯證的色彩，能幫助對方糾正錯誤觀念並開啟新思路，彷彿產婆幫助孕婦生產一般。

蘇格拉底傳授知識時不會強迫別人接受，而是採用共同探討問題而獲得知識的問答式教學，即所謂「蘇格拉底反詰法」。實質上，他是以各種問題詰問學生，使學生無法回答，感到自己的無知，從而產生學習和追求真理的願望，開始思考普遍的問題。蘇格拉底會首先擺出一副很無知的樣子，向學生請教問題，順著學生的思路一步步追問；而當學生開始迷惑時，他並不急於告知答案，而是舉出實例，啟發學生得出正確的結論。

後人將這種方法概括為四個部分：譏諷、「助產術」、歸納和定義。譏諷是就對方的發言不斷追問，迫使對方自陷矛盾，無言以對，最終承認自己的無知；助產術即幫助對方得到答案；歸納即從各種具體事物中找到共性、本質，透過比較尋求「一般」；定義是把個別事物歸入一般概念。

這種方法以學生為主體，關注學生的主動性和積極性，促使他們獨立思考問題，並使學生自覺多方面思考人與人之間的普遍原則，從而辯證地、具體地看待問題，而非絕對地、籠統地下結論。蘇格拉底的這種方法被形象地

稱為「助產術」，而他自稱「思想的產婆」，對於年輕人樹立正確的人生觀及道德觀大有益處。

但這種教育觀實際反映的是天賦觀念，且並不適用於低齡兒童，僅適用於已經掌握基礎知識、擁有實踐經驗的學生，也不適用於所有學科，僅適用於道德教育。

蘇格拉底的教育方法具有重要的意義，不僅開創了獲取知識的新思路，也提出教育者應具有的重要特質與態度——謙虛與真誠的「無知」。

在蘇格拉底的時代，尚未形成系統的教育理論，但他的教育主張直接影響柏拉圖和亞里斯多德，透過他們的繼承與發揚，對西方近現代教育產生深遠的影響；直到本世紀中葉，他所倡導的「蘇格拉底反詰法」仍為現代教育家推崇。

哈佛法學院前院長克里斯多福・哥倫布・藍道爾，於十九世紀末首創的案例教學法，也繼承了蘇格拉底反詰法中獨立思考和懷疑批判的精神，使學生能夠深入思考各種法律問題，從而培養分析和解決問題的能力。

第五章 蘇格拉底的死亡思考

在死亡面前，我們總是很怯懦。即使知道生老病死無法避免，仍對死亡充滿著恐懼。而蘇格拉底這個智者，面對死亡是如此從容，甚至還安慰別人不要悲傷……

▌一、坦然面對死亡

蘇格拉底死前如何向學生講述心中的死亡？他講述了對死亡的認識。他不是在安慰學生，而是即使在生命的盡頭，也想推動學生前進，最後笑對死亡，歸於自然。

蘇格拉底面對死亡時異常坦然，對他來說，死亡似乎是件快樂的事情。而以下他對學生的自白，表達了他對死亡的理解：

「世俗所云，靈魂由此界遷居彼界，若死者沒有知覺，就像睡覺時沒有做夢，不也是件快樂的事嗎？我想，任何人如果拿熟睡不做夢的夜晚與其他夜晚相比，就會知道熟睡且不做夢的夜晚最為舒適，我想不僅僅平民，國王也會同意；而死亡若是如此，我認為很快樂，因為死後的綿綿歲月只不過是一場睡眠。

另一方面，如果傳說可靠，所有死去的人都會前往另一個世界，那有什麼地方能比那個世界更美好呢？到了陰間，離開這個世界的虛偽審判官，遇到真正的審判官會又會如何？據說，在那個世界審理案件的人，比如米諾斯、拉達曼迪斯、艾亞哥斯，徒力普透冷莫斯，以及生前正直、死後榮升為神的人們——那麼，從這個世界轉到另一個世界真是非同小可。

你們能與歐爾費兀斯、姆賽厄斯、赫納歐士斯、賀梅洛斯等人相會，有什麼事比這件事更有價值呢？如果是這樣，我寧願死幾次，那裡的日子對我來說一定絕妙至極。能遇到帕拉墨得斯、忒拉蒙之子埃阿斯以及其他死於不公正判決的古人，拿我的遭遇和他們的相比，我想也不至於無聊。最有趣的事是，那裡就像這個世界一樣，也花時間省察他人，看誰具有智慧、誰沒有

智慧卻自以為有。審判官們，你們如果能省察特洛伊戰爭的統帥，或奧德修斯，或薛西弗斯，或任何人舉出的無數男女，那麼無論付出多大的代價和他們相處、與他們交談、向他們發問，都是無限幸福的事。無論如何，那裡的人絕不會為了這件事殺人。若傳說是真的，那裡的人不僅福氣更大，而且擁有永生。我死了，而你們活著，誰的道路會更幸福，只有神知道。」

蘇格拉底可以坦然面對死亡，因為他相信，人死後靈魂能以另一種形式存在另一個世界，認為死亡就像睡覺一樣，喪失感覺，享受一個沒有夢的睡眠；而另一種方式，就是死後能以靈魂的形式存在世間，便可以和歷代先賢一起討論，而這對他來說是多麼快樂！

在生命的最後，蘇格拉底微笑著接過毒酒一飲而盡，他的笑容坦然，就如同回家一般。他漸漸失去知覺，從腳開始向上蔓延，他最後向學生說的話是：「我還欠醫神一隻雞，請代我奉獻給他。」

蘇格拉底以死當作病癒，認為靈魂得到了解脫。

雖然蘇格拉底離開這個世界，但他的觀念風格都長留人間，深深印刻在每一位學生心中；而作為繼承並發揚蘇格拉底信念的人，柏拉圖說：「在與我同時代的人當中，他最為善良、最為明智也最為正直。」他認為自己一生最大的幸事，便是出生在「蘇格拉底的時代」。

雅典，是西方文明的搖籃；而蘇格拉底，就是雅典人智慧的象徵。

▋二、死亡是肉體與精神的分離嗎？

死亡是什麼？死亡無非就是肉體與靈魂脫離後的分離狀態，同時也是靈魂從身體解脫後的分離狀態。

以下是蘇格拉底與克力同等人的對話：

克力同說：「只有一件小事，那個拿毒藥的人要我向你交代，你要盡可能少說話，因為說話會使你全身發熱，你一定不能做任何事影響藥性，否則說不定還會給你喝第二次，甚至第三次。」

「那是他的事，」蘇格拉底說：「讓他去準備，需要幾服毒藥就準備幾服。」

「我知道你會這樣說，」克力同說：「但是他叨擾我很久了。」

「別理他。」蘇格拉底說：「現在我要對你們以及法官解釋，為什麼我認為一個把一生貢獻給哲學的人，臨死前會自然感到歡樂，因為他會自信地認為當今生結束後，在另一個世界能發現最大的幸福。西米亞斯和克貝，我現在要清楚地告訴你們，這種事如何成為可能。」

「普通民眾似乎無法理解，那些以正確方式獻身於哲學的人，實際上就是在為死亡做準備。如果這樣說正確，那麼他們實際上終生都在期待死亡；而若一直期盼的事終於到來時他們卻感到困惑，確實很荒謬。」

西米亞斯笑了，他說：「蘇格拉底，你的回答使我覺得好笑，儘管我現在一點都不願意笑。我敢肯定，我們國家的同胞如果聽了這番話就會認為，說哲學家是半死的人是對他們最好的諷刺，普通民眾非常明白死亡是哲學家的報應。」

「他們的說法也許相當正確，西米亞斯，除了說他們『非常明白』。因為他們實際上一點也不明白，真正的哲學家在什麼意義上是半死的人，什麼意義上的死是值得的，或說應當有著什麼樣的死。但請讓我把普通民眾的意見排除在外，而只關注我們的討論，你們相信死亡嗎？」

西米亞斯擔當起回答問題的角色，說：「當然有死亡。」

「死亡只不過是靈魂從身體中解脫，對嗎？死亡無非就是肉體與靈魂脫離後的分離狀態，和靈魂從身體中解脫後的分離狀態，對嗎？除此之外，死亡還能是什麼？不可能是別的什麼了，死亡就是這麼回事。」

「那麼好吧，我的孩子，來看看你是否會贊成我的意見，我想這會幫助我們找到答案。你認為一名哲學家是否該關心飲食的快樂？」

「肯定不正確，蘇格拉底。」西米亞斯說。

「關心性事方面的快樂呢？」

「這樣做就不對，這不可能正確。」

「我們會關注身體其他方面的需要嗎？你認為一名哲學家會強調這些需要的重要性嗎？我指的是穿漂亮的衣裳和鞋子，以及其他裝飾品，你認為哲學家會看重這些東西，還是輕視這些東西？我指的是在並非必須的情況下，追求這些東西。」

「我想真正的哲學家會輕視它們。」西米亞斯說。

「那麼這就是你的基本看法：哲學家並不關心自己身體，而是盡可能把注意力從身體移開，轉向靈魂，對嗎？」

「對，就是這樣。」

「所以事情很清楚，在身體的快樂方面，哲學家會盡可能使靈魂擺脫與身體的連繫，他在這方面的努力勝過其他人，對嗎？」

「似乎如此。」

「西米亞斯，許多人會想：在這些事情中找不到快樂，或身體上根本沒有快樂的人，不配活著，從來不想要身體快樂的人會被認為已經一隻腳踏進墳墓裡了，對嗎？」

「完全正確。」

「現在以獲得知識為例。如果某人以身體進行考察，身體會成為考察的障礙嗎？我的意思是，人的視覺和聽覺有沒有確定性，或者說它們就像一直在耳邊轟鳴的詩歌那樣，既不可能聽到，也不可能看到任何確定的東西，是嗎？如果這些感覺是不清晰的和不確定，那麼其他感覺也幾乎不可能清晰確定，因為其他感覺比視覺和聽覺還要低劣。你同意這種說法嗎？」

「當然同意。」

……

▌三、靈魂能夠擺脫一切煩擾嗎？

當靈魂能夠擺脫一切煩擾，比如聽覺、視覺、痛苦、各種快樂，亦即漠視身體，盡可能獨立，在探討實在的時候，避免與身體的一切接觸，肯定能進行最佳的思考。

蘇格拉底與西米亞斯等人繼續對話：

「那麼靈魂在什麼時候能獲得真理？每當它在身體幫助下想要考察某事物時，身體總會把它引入歧途。」

「沒錯。」

「當靈魂能夠擺脫一切煩擾，比如聽覺、視覺、痛苦、各種快樂，亦即漠視身體，盡可能獨立，在探討實在的時候，避免與身體的一切接觸，肯定能進行最佳的思考。」

「是這樣沒錯。」

「藐視和迴避身體，盡可能獨立，所以哲學家的靈魂優於其他靈魂。」

「似乎是如此。」

「還有其他一些問題，西米亞斯。你們認為有絕對公正嗎？」

「我們確實承認。」

「也有絕對的美和善嗎？」

「當然有。」

「你曾親眼看過這些東西嗎？」

「肯定沒有。」西米亞斯說。

「那麼好吧，你曾經用其他感官感覺到它們嗎？這裡說的『它們』，我指的不僅是絕對的高、健康、力量，而且是任何既定事物的真實性質，亦即它到底是什麼？

我們難道不是透過身體，獲得對它們最真實的感知嗎？在任何研究中，你越關注某個對象，關於這個對象的知識也就越準確，也就越能理解對象本身，難道不是嗎？」

「當然是。」

「你難道不認為，這種嘗試，最成功的人就是那個盡可能接近每個對象的人？他的理智沒有感官幫助，把純潔的思想運用於純潔的對象，盡可能切斷所有感官的連繫，因為感官會阻礙靈魂獲得真理和整理思想。西米亞斯，如果有人能夠獲得真理，那麼能實現目標的不就是這個人嗎？」

「你說的絕對正確，蘇格拉底。」西米亞斯說。

蘇格拉底說：「上述考慮必定會推動嚴肅的哲學家，以這樣的方式考察自己的立場，看起來像是通往正確的小徑。只要我們的身體和靈魂還不完善，就永遠沒有機會達到滿意的目標，亦即被我們肯定為真理的東西。

首先，身體在尋求必需的營養時提供了無數誘惑，疾病的進攻也在阻礙我們尋求真實的存在；此外，愛、慾望、恐懼，以及各種想像和大量的歪說充斥我們的身體，使我們沒有任何機會思考。戰爭、革命的根本，只能歸結於身體的慾望，所有戰爭都是為了掠奪財富，而想要獲取財富的原因在於身體，因為我們是身體的奴隸。根據這些解釋，這就是為什麼我們幾乎沒有時間從事哲學；最糟糕的是，如果有閒暇可以研究，身體又會再次干擾自己，阻礙我們關注真理。

我們實際上已經相信，如果想獲得某事物的純粹知識，就必須擺脫肉體，由靈魂沉思事物本身。從這個論證角度判斷，只有在死去後，才能獲得想要得到的智慧。如果有身體，就不可能有純粹的知識，那麼要麼完全不可能獲得知識，要麼只有在死後才有機會。但只要還活著，就要繼續接近知識，但要盡可能避免與身體接觸，除非是絕對必要的接觸，不允許自己受身體性質的感染。我們要洗滌身體的玷汙，直至神拯救我們。以拒絕身體的罪惡使自己不受汙染，就有可能獲得志同道合的人，得到純潔無瑕的知識，亦即真理。不純潔的人若能抵達純潔的領域，無疑違反普遍公正的原則。」

「除此之外，西米亞斯，我還想說：一切愛好學習的人都必須思考自己，與別人談論。你同意我的看法嗎？」

「這一點非常重要，蘇格拉底。」

「很好，」蘇格拉底說：「如果這是真的，那麼任何抵達旅程終點的人，就有很好的理由認為能在那裡達到目的，這個旅程就在我的面前展開，而我們過去所作的一切努力就是為了實現這個目的。所以我命中注定要踏上的這個旅程，將會有幸福的前景，對任何人來說也一樣，只要他的心靈已經準備好被淨化。」

「確實如此。」西米亞斯說。

「我們不是把死亡稱作靈魂從身體中解脫嗎？」

「確實如此。」他說。

「靈魂解脫的願望，只有真正的哲學家才能看到；事實上，哲學家的工作，就在於使靈魂從身體中解脫，不是這麼嗎？」

「顯然如此。」

「那麼好，像我開頭所說的那樣，如果某人一生都在訓練自己，盡可能接近死亡的狀態；當死亡到來時，他卻感到悲哀豈不是很可笑嗎？」

「當然可笑。」

「事實上，西米亞斯，真正的哲學家為他們的信念而死，死亡根本不足以恐慌。請這樣想：如果他們對身體感到不滿，渴望使靈魂獨立於身體，而這種情況發生後卻又感到驚慌，那豈非完全不合理？如果能夠前往某處，在那裡能獲得終身期盼的東西，亦即智慧，能夠逃離不受歡迎的連繫，難道不會感到高興嗎？世上確實有許多人按照自己的意志，選擇追隨死去的情人、妻子、孩子到另一個世界。如果這種情況存在，那麼一名真正的智慧愛好者，若擁有同樣堅定的信念，認為只有在另一個世界才能獲得有價值的智慧，難道會在死亡時感到悲哀嗎？他難道會不高興嗎？如果他是一名真正的哲學家，他必定會感到高興。我親愛的孩子，這樣才能表明，他堅信別的地方絕

不可能發現純粹的智慧。所以就像我剛才說的那樣，說這種人會害怕死亡極不合理。」

「確實不合理。」

「所以，如果某人臨死時感到悲哀，」蘇格拉底說：「那就足以證明他不是智慧的熱愛者，而是身體的熱愛者。實際上，我假定他還熱愛財富和名譽，愛其中之一，或兩者都愛。」

「是，你說得很對。」

「西米亞斯，」蘇格拉底繼續說道：「由此可見，被我們稱作勇敢的美德，不就是這種哲學氣質嗎？」

「是，這一點不容懷疑。」他說。

「還有，即使從通俗意義上理解，自制就是不受慾望驅使，對慾望保持體面的冷漠。這種特質不是只有那些極端漠視身體、終生獻身於哲學的人才擁有的嗎？」

「確實如此。」他說。

「但你們若考慮一下其他人的勇敢和自制」蘇格拉底說：「你們會認為這些特質不合理。」

「怎麼會呢，蘇格拉底？」

……

▌四、每個人都把死亡當作一種大惡

你說靈魂離開時，一般的人都非常害怕，靈魂解脫後也許就不再存在於某個地方，可能就在人死的那天被驅散或毀滅了；也許就在離開肉體的那一刻，就像氣息或煙霧那樣消失無蹤。

蘇格拉底與西米亞斯等人繼續對話：

「你們知道，除了哲學家，每個人都把死亡當作一種大惡，不是嗎？」

「是的，確實如此。」

「一個人勇敢地面對死亡，是因為他害怕落入某種更糟糕的境地，不是嗎？」

「是的。」

「儘管說害怕和膽怯使人勇敢不合理，但除了哲學家，每個人的勇敢都可以歸於害怕和恐懼。」

「好像是這樣。」

「那些節制的人又如何？按相同的思路，不正是由於某種自我放縱，使他們自我節制嗎？你可以說這不可能，但那些以簡單方法自制的人，都和我剛才描述的情況相似。他們害怕失去某種快樂，又無法放棄這種快樂，因此就約束自己另一種快樂。儘管他們把自我放縱定義為受快樂統治，實際上卻是因為無法抗拒某些快樂，因此就抗拒另一些快樂，他們自制的原因在於自我放縱。」

「是，這樣說好像對。」

「我對你的理解表示欣慰，西米亞斯。不過我擔心，從道德標準來看，用一種程度的快樂、痛苦、恐懼，替換另一種程度的快樂，並不是正確的方法，就像交換不同面額的硬幣一樣，而只有一種貨幣可以與其他交換，就是智慧，只有智慧能成就真正的善。有無快樂、恐懼之類的感覺根本就沒有區別，建立在相對情感價值上的道德體系只是一種錯覺，是一種粗俗的觀念，找不到任何健全、真實的內容。

真正的道德理想，無論是自制、誠實，還是勇敢，實際上是來自情感的滌罪，而智慧就是一種淨化。那些指導這種宗教儀式的人也許離此不遠，他們的教義總有那麼一層寓意，凡是沒有得到啟示的人在進入另一個世界後，將要躺在泥淖裡；而那些滌過罪，得到啟示的人，將與諸神在一起。你知道那些主持儀式的人怎麼說：『佩戴標記的人很多，但為什麼信徒這麼少？』在我看來，這些信徒就是按照正確方式過哲學生活的人，而我樂意與他們為伴，為了實現這個目的，今生今世我會盡力做我能做的事。如果神願意，當

我們到達另一個世界時，我們肯定能知道這種雄心是否正確，我們能否得到什麼，而我想這個時刻快要到來了。」

「這就是我提出的辯護，西米亞斯和克貝，為了表明我離開你們、離開塵世很自然，沒有任何悲傷或痛苦，因為我相信在那裡我將找到好的統治者，我的朋友不會比這裡少。如果我對你們的辯白，比我對雅典法官的辯白更加令人信服，那我就滿意了。」

蘇格拉底說完這番話後，克貝作了答覆，他說：「蘇格拉底，你這番話我覺得好極了，除了關於靈魂的說法。你說靈魂離開時，一般人都非常害怕，靈魂從肉體解脫後也許就不存在於某個地方，可能就在人死那天被驅散或毀滅了；也許就在離開肉體的那刻，就像氣息或煙霧般消失無蹤。蘇格拉底，如果靈魂能夠獨立存在，擺脫你剛才描述的各種罪惡，那麼我們當然就有更加強烈、更加榮耀的希望，你說的就是真的；但我想，我們幾乎不需要什麼信心就會相信：靈魂死後仍舊存在，並保持著積極的力量和理智。」

「你說得很對，克貝。」蘇格拉底說：「但是我們現在怎麼辦？你希望我們繼續思考這個主題，看這種觀點是否正確嗎？」

「我非常樂意聽聽你的想法。」克貝說。

「無論如何，」蘇格拉底說：「我也不認為有人聽了我們的談話後，哪怕是一名喜劇詩人，會說我正在浪費時間討論與我無關的問題。所以，如果這也是你的感覺，那麼我們最好繼續探討，讓我們從這個觀點出發，解決問題。離開身體的靈魂，存在還是不存在於另一個世界？」

我們還記得一個古老的傳說，講的是靈魂離開這裡以後，確實存在於另一個世界，還會返回這個世界，讓死者復活。如果死者能夠復活，不就說明我們的靈魂存在於另一個世界嗎？如果靈魂不存在，那也不能再次產生，如果靈魂確實是讓死者復活，那就足以證明我的論點正確；如果情況並非如此，那麼還需要別的論證。」

「你說得對。」克貝說道。

「如果你想更容易理解這個問題，」蘇格拉底說：「那麼不要只想到人，而要想到所有的動植物。讓我們來看，有生命的事物是否總以這樣的方式產生？萬物都有對立面，例如美是醜的對立，正確是錯誤的對立，還有無數其他事例。讓我們考慮一下，這是否是一條必然的法則：凡有對立面的事物，必定從其對立面產生，而非其他來源。例如，當某個事物變得較大時，那麼我想它變大之前要先變小，對嗎？」

「對。」

「同樣，如果它要變小，那麼它先變大，然後才能變小，對嗎？」

「沒錯。」克貝說。

「較弱從較強產生，較快來自較慢，對嗎？」

「當然如此。」

「分離與結合、冷卻與加熱，以及其他許多例子，不都是一樣？哪怕我們有時不用術語，但實際上這是一個普遍的事實，事物有一個產生的過程，對嗎？」

「沒錯。」克貝說。

「那麼好吧。」蘇格拉底說：「就像睡的對立面是醒一樣，活有沒有對立面？」

「當然有。」

「是什麼？」

「是死。」

「那麼活與死對立，相互產生，它們之間有兩個產生過程嗎？」

「當然有。」

「好極了。」蘇格拉底說：「我來陳述剛才提到的相反的事物，闡述這對事物本身和之間的產生過程，你來陳述另一對相反的事物。我的例子是睡

與醒，我說醒產生於睡，睡產生於醒，之間的過程是睡覺和甦醒，這個陳述你滿意嗎？」

「很好。」

「現在輪到你了，」蘇格拉底繼續說：「請用同樣的方式陳述生與死，你承認死是生的對立面嗎？」

「我承認。」

「它們相互產生嗎？」

「對。」

「那麼從生中產生什麼？」

「是死。」

「從死中產生什麼？」蘇格拉底問道。

「我必須承認是生。」克貝說。

「所以克貝，活的東西是從死的東西產生的嗎？」

「顯然如此。」

「那麼我們的靈魂存在於另一個世界嗎？」

「似乎如此。」

「我們剛才講的兩個過程，在這個事例中，有一個非常確定——我指的是，死相當確定，是嗎？」

「是的。」克貝說。

「那我們現在該怎麼辦？省掉另一個補充性的過程，給這條自然法則留下一個缺陷嗎？或者說我們必須提供另一個與死對應的過程？」

「當然必須提供。」克貝說。

「這個過程是什麼呢？」

「復活。」

「如果有復活這回事，」蘇格拉底說，「那麼它必定是從死到生的過程。」

「是這樣沒錯。」

「所以我們在這點上也有了一致看法：生出於死，就像死出於生；但是我想，如果我們肯定了這一點，那麼足以證明，死者的靈魂一定存在於再生之處。」

「蘇格拉底，在我看來，從我們一致的看法中必然能推論出這一點。」克貝說道。

「我想還有另一種方式，能使你明白我們的看法沒有錯。如果兩套對立的事物的產生沒有連續對應的過程，即循環輪迴，而是直接走向對立的終點，沒有向起點迴轉，那麼你會明白，萬物都具有同樣性質，不會有任何變化。」

「你是什麼意思？」

「這不難理解，」蘇格拉底答道：「舉例來說，如果有『睡眠』，那麼『甦醒』並不能因為某些人脫離睡眠，而與『睡眠』達成平衡，你一定要明白，恩底彌翁最終會成為笑柄，他會一無所得，因為那時整個世界都會處於睡眠狀態。如果萬物都相結合，沒有任何事物是分離的，那麼馬上就會擁有阿那克薩哥拉所說的『萬物一體』。以同樣的方式，我親愛的克貝，如果擁有生命的事物逐漸死去，而死者不再復活，那麼萬物最後都是死路一條，無法存活，對嗎？如果說，有生命的事物從其他有生命的事物中產生，而有生命的事物就要死去，那有什麼辦法可以防止牠們由於死亡而滅絕呢？」

「我認為沒有辦法，蘇格拉底，」克貝說：「你說的似乎完全正確。」

「對，克貝，」蘇格拉底說，「如果世上有正確的東西，而我相信這就是正確的，我們的看法並沒有錯。復活是事實，生出於死是事實，死者靈魂存在也是事實。」

「蘇格拉底，」克貝又說道：「除此之外，還有一種你經常說的理論：所謂的學習實際上只是一種回憶。如果這種說法正確，那麼我們回憶的東西

肯定從前學過，除非靈魂在進入人體前在某處存在，否則不可能。所以按這種方式理解，靈魂好像也是不朽。」

「克貝，這種理論如何證明的？」西米亞斯插話說：「提醒我，因為當時我沒記住。」

克貝說：「以提問為例可以很好地證明這點，如果提問的方式正確，那麼人們就能完全正確的回答，這種回答只有當他們對主題具有知識並恰當把握後，才能作出。如果你提出一個作圖問題或類似的問題，那麼他們的反應就確鑿無疑地證明這個理論的正確。」

「西米亞斯，」蘇格拉底說：「如果這種方式不能令你信服，那來看這樣做是否有用：我假定你認為，所謂學習就是回憶的說法很難理解，是嗎？」

「一點兒也不難，」西米亞斯說：「我只是想要對正在討論的『回憶』有所幫助。從克貝提到解決問題的方法中，我已經回憶起很多，能令我滿意；但若能聽到你如何解決這個問題，我也非常樂意。」

「我是這樣看的，」蘇格拉底說：「我假定我們都同意，如果某人回憶起什麼，那麼他必定先要在其他時間認識它，對嗎？」

「很有道理。」

「當知識以某些具體方式出現時，我們不也同意把它稱作回憶嗎？我來解釋這是什麼意思：假定某人看見、聽到，或以別的方式注意到某事物，而他不僅意識到這個事物，還想起另一個事物。在這種情況下，難道我們能說他想起的那個對象，提醒了他的不對嗎？」

「你這話是什麼意思？」

「讓我舉個例子，我假定你會同意：一個人和一件樂器是不同的知識對象。」

「沒錯。」

「那好吧，當一個人看到情人的樂器、衣裳，或她的其他任何私人物品，你知道這種情況下會發生什麼——他們一認出某樣東西，心裡就幻想出主人

的形象，這就是回憶；以同樣的方式，看到西米亞斯也經常使人想起克貝，這樣的例子不勝枚舉。」

「對，這樣的例子當然很多。」西米亞斯說。

「所以說到回憶，我指的是剛才描述的這種體驗，尤其當我們已經很久沒有見過某些事物，已經遺忘的時候。」

「是這樣的。」

「那麼，當一個人看見一幅馬的圖畫，能想起一個人嗎？或者說，一個人看見一幅畫著西米亞斯的圖畫，能想起克貝嗎？」

「完全能夠。」

「一個人看見一幅畫著西米亞斯的圖畫，能想起西米亞斯本人嗎？」

「當然能。」

「從這些事例中不是可以推論出：回憶可以由相同或不同的事物引起？」

「對。」

「當相同事物引起回憶時，你肯定也會意識到是完全相同還是部分相同，對嗎？」

「對，肯定會意識到。」

「我們現在可以再進一步了，」蘇格拉底說：「我假定我們承認有個事物叫相等，不是磚頭與磚頭、石頭與石頭的相等，而是沒有任何差別的絕對相等，承認這一點還是不承認？」

「承認，完全承認。」西米亞斯斷然說道。

「我們知道它是什麼嗎？」

「當然知道。」

「我們從哪裡得到這種知識呢？從我們剛才提到的具體事例嗎？儘管我們說相等的磚頭、相等的石頭或其他相等的東西與這個相等不一樣，但我們

不就是因為看到了這些事物的相等，才得到相等的觀念嗎？請這樣想：相等的石頭和磚頭不變，但有時候看起來與一個人相等，而和另一個人不等，難道不是這樣嗎？」

「確實如此。」

……

五、絕對相等的事物不等

假定你看到某個事物，你對自己說，我能看出這個事物像另一個事物，但沒有完全相等，只是有點像。這種情況下，難道有這種經驗的人，必定有關於相似、但並不完全相同事物的知識嗎？

蘇格拉底與西米亞斯等人繼續對話：

「好吧，那麼你是否曾經想過：絕對相等的事物不等，或者相等的事物不相等？」

「從來沒有，蘇格拉底。」

「那麼這些相等的事物與絕對相等不一樣。」

「我現在認為完全不一樣，蘇格拉底。」

「然而，儘管不一樣，卻是這些相等的事物使你有了絕對相等的知識，它們向你建議、轉達給你，對嗎？」

「完全正確。」

「那麼這個相等本身，與這些相等的事物相同或者不同，對嗎？」

「確實如此。」

「相同也罷，不同也罷，這倒沒什麼區別，」蘇格拉底說：「只要看到一樣事物會使你想起另一樣事物，那麼它肯定是回憶的原因，無論這兩樣事物相同或是不同。」

「是這麼回事。」

「好吧。」蘇格拉底說，「那我們從剛才講過的相同磚頭和其他的事例中，能發現什麼呢？它們是絕對的相等嗎？或者並沒有絕對，只是接近相等？或者完全不相等？」

「它們與絕對相等差很多。」西米亞斯說。

「假定你看到某個事物，你對自己說：我能看出這個事物像另一個事物，但沒有完全相同，只是有點像。在這種情況下，難道有這種經驗的人，必定有關於相似、但並不完全相同事物的知識嗎？」

「他肯定有。」

「很好，那這就是我們關於相等的事物與絕對相等的看法嗎？」

「確實如此。」

「那麼在我們第一次看見相等事物，明白它們努力追求相等，但又不相等之前，我們一定擁有關於相等的知識。」

「是這樣沒錯。」

「我們同時也同意，除了透過感官，否則無法擁有相等的觀念，而會將它們視為相同。」

「蘇格拉底，從我們想要證明的目的來看，它們相同。」

「所以，我們必須透過感覺才能明白：一切可被感知的相等都在追求絕對相等，但並不相等。這是正確的嗎？」

「對，是這樣沒錯。」

「所以，在我們開始看、聽，使用其他感官之前，必定在別處已獲得這種知識，即有絕對相等的事物，否則我們絕不會明白，相等的感性物體都追求絕對相等，以絕對相等比較它們，這些感性物體只是不完善的模仿。」

「這是一個合理的結論，蘇格拉底。」

「從出生那一刻起，我們不就開始看、聽，以及使用其他感官嗎？」

「當然是。」

「但我們承認：在獲得感知的對象前，必定已獲得關於相等的知識。」

「對。」

「所以我們必定是在出生前就獲得這種知識。」

「好像是這樣。」

「我們在出生前就擁有的這種知識，擁有平等和相對大小的知識，也擁有絕對的標準。我們現在的論證不僅適用於平等，而且也適用於絕對的美、善、正直、神聖，以及所有可以冠以『絕對』的事物。」

「是這樣沒錯。」

「除非我們遺忘了獲得的知識，否則必定在出生時就已『知道』，並且一生都『知道』，因為『知道』的意思就是祈求知識不丟失。我們所說的遺忘不就是失去知識嗎，西米亞斯？」

「確實如此。」

「如果我們真的在出生前就獲得知識，卻在出生時遺失了，後來又透過外物對感官的刺激又重獲知識，那麼我假定：所謂學習就是恢復知識，稱之為回憶肯定正確。」

「確實如此。」

「沒錯，我們可以看到：透過感官提示，可以想起被遺忘的事物，無論兩種事物是否相同。所以我認為有兩種選擇：要麼說我們生來擁有關於標準的知識，並終生持有；要麼說學習只是在回憶以前的知識——換言之，學習就是回憶。」

「必然如此，蘇格拉底。」

「那麼，你的選擇是什麼，西米亞斯？是我們生來就有知識，或者我們後來回憶起出生前擁有的知識？」

「蘇格拉底，要我馬上選擇，我不知該怎麼說。」

「那好，你還有另一個選擇，如何？一個人若知道某樣事物，他是否能詳盡解釋它？」

「他一定可以。」

「你認為每個人都能解釋我們剛才談論的問題嗎？」

「我想要肯定這一點，」西米亞斯說：「但我非常擔心明天這個時候，世上就沒有人能恰當解釋這些問題了。」

「所以，西米亞斯，你並不認為每個人都擁有關於這些問題的知識，是嗎？」

「我絕不這樣認為。」

「那麼他們只是在回憶曾經學到的知識。」

「這才是正確的回答。」

「那我們的靈魂是什麼時候獲得這種知識？不會是在塵世生活開始以後吧？」

「當然不是。」

「那麼就是在塵世生活開始之前？」

「對。」

「那麼，我們的靈魂在獲得人形之前，就有一個先在的存在，西米亞斯。它獨立於身體，也擁有理智。」

「你說的沒有什麼疑點，除非我們出生時就獲得事物的知識，蘇格拉底。確實有這樣的時間。」

「沒錯，我親愛的朋友。但是請告訴我：又是在什麼時候遺忘了這些知識呢？我們剛剛才同意，出生時並沒有知識。難道我們獲得知識的同時又失去知識嗎？或者你能提出其他時間點？」

「當然沒辦法，蘇格拉底。我沒有意識到自己的話毫無意義。」

「好吧，我們現在該進行到哪一步了，西米亞斯？如果所有絕對的實體，比如我們常常談論的美和善，真的存在，而我們發現從前的知識跟它們有關，且我們感官的對象以它們為範型，那豈不是可以推論出，靈魂在出生前必定存在，而如果它們不存在，我們的討論豈不是在浪費時間？這個觀點合理，說靈魂在出生前就已存在，如同說這些實體存在一樣確信，如果其中一種說法不可能，那麼另一種說法也不可能。對嗎？」

「我完全清楚了，蘇格拉底，」西米亞斯說：「同樣合理的必然性適用於兩種情況。你的論證依據的是，這兩個立論要麼都能成立，要麼都不能成立，一個是靈魂在出生前存在，另一個是這個等級的實體存在，我很滿意這個說法。我無法想像什麼事物的存在能與絕對的美、善比較；且你剛才是在完全可能的意義上提到，使其他實體的存在不證自明。在我看來，已經相當充分的論證了。」

「克貝怎麼看？」蘇格拉底說道：「我們也必須說服克貝。」

「我完全確信他也很滿意，」西米亞斯答道：「沒錯，在抵制論證的時候，他是世上最頑固的人，但我想，就靈魂在出生前就已存在這一點來說，不再需要別的理由使他信服；至於我們死後靈魂仍然存在，這一點連我都不認為已經被證明，蘇格拉底。克貝的反對意見仍然成立，大部分人們害怕靈魂會在死亡的剎那崩解，就是靈魂的終結。假定靈魂會出生，由某些來源構成，且在進入人體前就存在，那麼在它進入人體後，有什麼理由能使它在解脫的剎那，毀滅自己？」

「你說得對，西米亞斯，」克貝說道：「看來我們已經得到一半的證明：靈魂在出生前就存在。而如果要完成證明，還需要證明靈魂死後也存在。」

「我親愛的西米亞斯和克貝，」蘇格拉底說，「如果你們結合這個論證與前面一致意見的論證，即有生命的東西都是從死的東西中產生，那麼實際上另一半也已經被證明。如果靈魂在出生前就存在，如果它趨向生命並降世，那麼它必定是從死的東西、狀態中出生，如果靈魂必定會再生，那麼死後也必定存在，所以你們的論點已經被證明。儘管如此，我相信你和西米亞斯仍

舊想延長討論，你們像兒童一樣，害怕靈魂從肉身中解脫時會被大風吹散，而死時如果狂風大作，就會更害怕。」

克貝笑了，他說：「蘇格拉底，就算我們害怕，那麼試試讓我們信服，或不要假定我們害怕。也許我們其中一人會像小孩一樣恐懼，但我們會試著說服他不要害怕死亡，別把死亡當做妖怪。」

「你要做的是像一名巫師那樣每天對他念咒語，」蘇格拉底說：「直到你趕走他的恐懼。」

「但是，蘇格拉底，」西米亞斯說：「我們現在該去哪裡找懂得這些咒語的巫師？你就要離開我們了。」

「希臘是一個很大的國家，」蘇格拉底答道：「一定有很多好人，也有許多好的外族人。你們必須盡力尋找，找到這樣的巫師，不要擔心浪費錢，也不要怕麻煩，將錢花在這個地方比花在其他方面適宜得多。你們也必須團結大家的力量尋找，因為也有可能找不到任何人能完成這項任務。」

「我們明白了，」克貝說道：「不過，如果你不反對，還是讓我們回到剛才岔開的話題上。」

「我當然不反對，我為何要反對？」

「謝謝你。」克貝說道。

「我想，」蘇格拉底說：「我們應該向自己提問：哪一類事情會自然而然地消散？是什麼理由使我們害怕這種命運？又是什麼原因讓我們再不害怕？回答了這些問題，我們就會考慮靈魂屬於其中哪一類，就能知道自己對靈魂的命運是充滿信心還是恐懼。」

「你問得好。」

「難道你不認為，合成的物體或自然的複合物，會在組合之處破裂嗎？而非合成的物體必定不會如此，對嗎？」

「好像是這樣。」克貝說。

「非複合的事物極為可能永久、單一，複合的事物則非永久、多樣，對嗎？」

「我認為是這樣。」

「那麼讓我們回到前面討論的例子：我們界定的絕對實體是否總是永久、單一？絕對相等、絕對的美，或其他任何真正存在的獨立實體，會有任何變化嗎？或者說這種單一、獨立的實體會永遠保持原狀，絕對不會有任何變化？」

「它們必定永久、單一，蘇格拉底。」克貝說。

「好吧，那麼美的具體實例呢？比如人、馬、衣服等等，或者絕對相等的例子，或任何與某個絕對實體對應的事物？它們是永久的，或正好相反？它們絕不會在任何意義上，自身或相互之間，有這種關係嗎？」

「蘇格拉底，你提到的這些事物正好相反，因為它們具有多樣性。」

「你們能夠觸摸、觀看，或用別的感官察覺這些具體事物；但那些永久的實體，你們無法感覺，只能靠思維把握，因為它們不可見。」

「完全正確。」克貝說。

「所以你們認為應假定有兩類事物，一類可見，一類不可見，對嗎？」

「我們應該這樣假定。」

「不可見是單一的，可見的絕不可能是單一的，對嗎？」

「對，我們也應該這樣假定。」

……

▌六、一部分是身體，一部分是靈魂

靈魂將身體當做工具探究，無論是視覺、聽覺或其他感官，這樣一來，靈魂就被身體拉入多樣性的領域而迷路，在與相同性質的事物接觸時感到困惑，就像喝醉酒似的。

蘇格拉底與西米亞斯等人繼續對話：

「那麼好吧，」蘇格拉底說：「我們不是一部分是身體，一部分是靈魂嗎？」

「當然。」

「那麼身體與哪一類事物更相似，或說關係比較密切？」

「顯然是可見的事物。」

「靈魂可見還是不可見？」

「蘇格拉底，至少對人來說不可見。」克貝說。

「我們講的可見與不可見當然是以人而言，難道你認為我在談這一點時還想著其他事物嗎？」

「沒有，僅對人而言。」

「那麼關於靈魂該怎麼說？是可見還是不可見？」

「不可見。」

「它是不可見的，是嗎？」

「對。」

「所以靈魂更像不可見的事物，而身體更像可見的事物，對嗎？」

「這是不可避免的推論，蘇格拉底。」

「我們前不久說過：靈魂將身體當做工具探究，無論是視覺、聽覺或其他感官，這樣一來，靈魂就被身體拉入多樣性的領域而迷路，在與相同性質的事物接觸時感到困惑，就像喝醉酒似的，對嗎？」

「對。」

「但當靈魂自我反省時，它穿越多樣性，進入純粹、永恆的領域，這些事物與靈魂的本性相似；而靈魂一旦獨立，擺脫障礙，就不再迷路，而是透

過接觸與之性質相同的事物，在永恆、單一的王國裡停留，而靈魂的這種狀態我們稱之為智慧。」

「你說得好極了，完全正確，蘇格拉底。」

「好吧，那麼在前面討論的啟發下，你們認為靈魂與哪一類事物比較相似，或有著比較密切的關係？」

「蘇格拉底，我想哪怕是最愚昧的人，也會依據這一連串的論證，同意靈魂更像單一的事物，而非多樣。」

「那麼身體又是如何？」

「身體與另一類事物相似。」

「讓我們再按另一種方式考慮：當靈魂與身體都在同一地方時，天性讓它們一個做服從的奴僕，另一個進行統治；而在這種關係中，你們認為哪一個接近神聖？哪一個接近可朽？難道你不認為統治是神聖事物的天性，而服從則是可朽事物的天性嗎？」

「我是這樣看沒錯。」

「那麼靈魂與什麼相似？」

「蘇格拉底，靈魂顯然與神聖的事物相似，身體與可朽的事物相似。」

「現在，克貝，」蘇格拉底說：「讓我們來看，這是否是我們從前面論述得出的結論：靈魂與神聖、不朽、理智、統一、不可分解、單一的事物最相似，而身體與世俗、可朽、不統一、無理智、可分解的事物相似。我親愛的克貝，我們還能提出任何論證來反駁嗎？」

「不行，我們提不出來。」

「很好，那麼在這種前提下，肉體迅速分解不也很自然嗎？靈魂非常平靜，或者說幾乎不會分解，對嗎？」

「確實如此。」

「你當然知道。當一個人死時，儘管對他可見的肉體來說很自然——我們稱為屍體。屍體躺倒在這個可見的世界上，腐爛、化成碎片消散，但這些事並非一瞬間發生。即使死亡發生在溫暖的季節，而屍體又富有營養，它仍舊會保持原形好一陣子；而若屍體像埃及人那樣，被晒乾、塗上香油防腐，它就能在難以置信的長時間裡，保持不變；即使屍體腐爛，其中有些部分，比如骨頭、肌腱等等，可以永久保留。情況就是這樣，不是嗎？」

「你說得對。」

「但不可見的靈魂去了另一個地方，那個地方像靈魂自身一樣輝煌、純粹、不可見，那才是真正的冥界或不可見的世界；而如果神願意，靈魂就會出現在善與智慧之神面前，我的靈魂一定很快會前往那裡。如果靈魂具有我剛才描述過的那些性質，那麼它還會像大部分人認為的那樣，從肉身解脫的剎那就被驅散嗎？遠非如此，我親愛的西米亞斯和克貝，不如說這就是事實真相。靈魂從肉體解脫時是純潔的，沒有被肉體所玷汙，因為靈魂從未自願與肉體結合，只是在肉體中封閉自己，與肉身分離；換句話說，如果靈魂按正確的方式追求哲學，並且訓練自己從容面對死亡，豈不就是『實踐死亡』的意思嗎？」

「你說得非常準確。」

「好吧，如果這就是靈魂的處境，那麼靈魂會動身前往那個與它相似，不可見、神聖、智慧的地方，而幸福就在那裡等待。它擺脫了不確定性和愚蠢，擺脫了恐懼和無法控制的慾望，以及所有人間的罪惡，就像那些祕密入會儀式說的那樣：靈魂將在那裡與神度過餘下的時光。我們應當接受這種觀點，克貝，或者還有別的說法？」

「我們必須接受這種觀點。」克貝說。

「但是我假定：如果靈魂在解脫時已經被玷汙，因為它總是與肉體連繫，關心、熱愛肉體，並且被肉體的情慾和快樂誘騙，以為只有觸碰、觀看、吃喝、享受性生活才是真實。如果靈魂已經習慣仇視、畏懼、迴避那些肉眼看

不見，卻是理智、只能依靠哲學理解的東西，你認為它還能保持獨立，不受汙染嗎？」

「幾乎不可能。」克貝說。

「我想，正好相反。靈魂會被有形的東西滲透，透過持久連繫和長期實踐，與肉體結成同伴。」

「當然會。」

「我親愛的朋友，我們必須假定有形的東西沉重、壓抑、可見，所以被肉體玷汙的靈魂變得沉重。如他們所說，由於害怕冥界或不可見的世界，而被拉回可見的世界，在墓地徘徊。能被人看見、影子般的幽靈，就是這些還沒有消失的靈魂，因為它們仍舊保持著某些可見的部分。」

「的確就是如此，蘇格拉底。」

「就是如此，克貝。當然了，它們不是善的靈魂，而是惡靈。它們被迫在這些地方漫遊，這是對以往惡行的懲罰，因為肉身不斷追求，最後被禁閉在肉身中。而像你預期的那樣，它們依附的那些肉身，具有與前世相同的性格。」

「你指的是哪一類，蘇格拉底？」

「那些養成貪吃、自私、酗酒習慣的人，極有可能投胎成驢子或其他墮落的動物，你覺得有可能嗎？」

「對，很可能。」

「那些自願過不負責任生活，無法無天、使用暴力的人，會變成狼、鷹、鳶，除非我們還能提出性情更加相似的動物。」

「不，你提到的動物就很準確。」

「所以，按照靈魂今世的行為，很容易想像它們會成為什麼樣的動物。」

「對，確實很容易。」

「我假定那些最幸福的人，那些到達最佳終點的人，是那些成為普通公民的善人，這種善被稱作自制和誠實，透過習慣和實踐獲得，無須哲學和理性的幫助。」

「為什麼說他們最幸福呢？」

「因為他們可能會成為某種動物，過著社會生活、受紀律約束，比如蜜蜂、黃蜂、螞蟻，甚至可能再次投胎於人，成為體面的公民。」

「完全有可能。」

「但是，未實踐哲學的靈魂，在離開肉體時並非絕對純潔，而這樣的靈魂無法擁有神聖的性質，只有智慧的愛好者才行。我親愛的西米亞斯和克貝，這就是為什麼真正的哲學家要禁止一切身體的慾望。不是擔心耗費金錢——那些把金錢放在首要考量的普通人可能會這樣想；也不是因為怕丟臉，擔心招來惡名——那些雄心勃勃，想要出人投地的人會這樣想。」

「對，你提到的這些動機都毫無價值，蘇格拉底。」克貝說。

「這些動機確實沒有什麼價值，」蘇格拉底對克貝的說法表示同意：「因此，克貝，那些關心自己靈魂，不願使靈魂屈於肉體的人，會堅決割斷與他人的連繫，拒絕與他們無計劃的旅行。由於相信哲學能解脫和潔淨靈魂，這些人回過頭追隨哲學，無論哲學把他們引向何處。」

▌七、智者與勇者更接近幸福

他把杯子舉到嘴邊，欣然一飲而盡。他來回走，直到像看守說的那樣，腿開始變沉重，然後按照指示仰面躺下，給他毒酒的人不時觀察他腿腳。過了一會兒，他用力按蘇格拉底的腳，問他是否有感覺，他說沒有。麻痺從他的腿向上蔓延，涼了、僵硬了。但他還有知覺，說：當毒藥到達心臟時，一切都會結束。

死神正一步步逼近，留給蘇格拉底的時間只能以分秒計算了。

克力同對站在一旁的僕人打手勢，他出去了一會兒，便與端著一杯毒酒的看守一同回來。蘇格拉底說：「我的朋友，你對這些東西有經驗，請教我如何服用。」那個人回答：「你必須在周圍散步，直到兩腿發沉，然後躺下，否則毒性將會發作。」他把杯子遞給蘇格拉底。

蘇格拉底面不改色的看著他，舉杯說：「以這杯酒祭奠神靈，我該說些什麼？是否可以說些什麼？」那個人回答：「蘇格拉底，我們只準備毒藥，我們相信這樣就夠了。」蘇格拉底回答：「我懂了，但是我能、也必須要求神，保佑我從這個世界到另一世界的旅途。」然後，他把杯子舉到嘴邊，欣然一飲而盡。

埃切克拉特啊，在這一刻之前，我們大部分人還能抑制悲傷；但看見他飲下毒酒後，我們再也抑制不住了，眼淚奪眶而下。我掩面哭泣，不是為了他，而是想到自己不幸失去這樣一位朋友。我不是第一個哭的，當克貝同發現自己抑止不住落淚時，便離開座位，我也跟隨他；而在這時，一直抹淚的阿波羅多羅突然放聲哀號，使我們悲慟難抑。

只有蘇格拉底保持平靜，他說：「為什麼要這樣哀號？我將女人打發，就是為了阻止她們這樣失常的行為，我聽說，一個人應該平靜地死去。請安靜，忍耐一下。」我們聽到他的話，覺得羞愧，便抑止住淚水。

他來回走，直到像看守說的那樣，腿開始變沉重，然後按照指示仰面躺下，給他毒酒的人不時觀察他腿腳。過了一會兒，他用力按蘇格拉底的腳，問他是否有感覺，他說沒有。麻痺從他的腿向上蔓延，涼了、僵硬了。但他還有知覺，說：「當毒藥到達心臟時，一切都會結束。」

漸漸連腹部也變得冰涼，而他一直蓋著自己的臉，這時他露出臉說——這是他最後的話：「克力同，我許願把一隻公雞獻給阿斯克勒庇俄斯，你能代我還願嗎？」克力同說：「我會為你還願，還有其他囑咐嗎？」他沒有回答這個問題。一會兒後聽到動靜，在場的人揭開他臉上的布，他的眼睛睜著，克力同闔上他的眼和嘴。

　　埃切克拉特啊，這就是我們的朋友之終，我可以毫不含糊地說，在我所知道、同時代的所有人中，他是最聰明、最正直、最善良的人。

　　蘇格拉底無疑是智者，也是勇者，這也是他比我們更接近幸福的原因。

附錄

▌蘇格拉底名言錄

認識你自己。

我們需要的越少，就越近似上帝。

神靈為我們保留了對最重要東西的認識。

想左右天下的人，須先能左右自己。

認識自己，方能認識人生。

美是難的。

德性就是知識，或美德即知識。

愚昧是罪惡之源。

無知即罪惡。

別人為食而生存，我為生存而食。

智慧意味著自知無知。

我平生只懂得一件事：我為什麼如此無知。

如果把世上每個人的痛苦放在一起，再讓你選擇，你可能還是願意選擇自己原來的那一份。

男人活著全靠健忘，女人活著全靠牢記。

唯有理智最可貴。

我非常清楚地知道，我並沒有智慧，不論是大智慧還是小智慧。

教育是引導內心的工具和方法。

最有效的教育方法不是告訴人們答案，而是向他們提問。

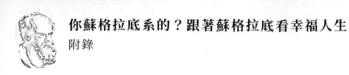
想向我學習知識，你必須先有強烈的求知慾，就像擁有強烈的求生慾。

思想應誕生在學生心裡，而教師僅僅擔當產婆的角色。

每個人身上都有太陽，關鍵是如何讓它發光。

教育不是灌輸，而是點燃火焰。

最優秀的人就是你自己。

知道的越多，才懂得知道的越少。

我知道自己的無知。

未經審視的生活毫無價值。

暗戀是世界上最美麗的愛情。

不要靠饋贈獲得朋友。

在這個世界上，除了陽光、空氣、水和笑容，我們還需要什麼呢？

我到處走動，沒有做別的事，只要求你們：不分老少，不要只關心你們的肉體，而要保護你們的靈魂。

對哲學家來說，死是最後的自我實現，是求之不得的事。因為它打開通向真正知識的門，靈魂從肉體的羈絆中解脫，終於能看見光明的天國。

我只知道一件事：就是什麼都不知道。

凡是可以做得更好，也算是懶！

人可以犯錯，但不可犯同一個錯。

在發怒時，要緊閉上嘴，以免增加怒氣。

如果我能忍受了自己的老婆，也就能忍受任何人了！

好的婚姻為你帶來幸福，不好的婚姻則可使你成為一位哲學家。

沒有人在懂得善後卻不向善。

我不只是雅典的公民，我也是世界的公民。

國家圖書館出版品預行編目（CIP）資料

你蘇格拉底系的？跟著蘇格拉底看幸福人生 / 林真如 著 . -- 第一版 .
-- 臺北市：崧燁文化，2020.01
　　面；　公分
POD 版
ISBN 978-986-516-195-8(平裝)

1. 蘇格拉底 (Socrates, 469-399 B.C.) 2. 學術思想 3. 古希臘哲學

141.28　　　　　　　　　　　　　　　　　108018883

書　　名：你蘇格拉底系的？跟著蘇格拉底看幸福人生
作　　者：林真如 著
發 行 人：黃振庭
出 版 者：崧燁文化事業有限公司
發 行 者：崧燁文化事業有限公司
E - m a i l：sonbookservice@gmail.com
粉 絲 頁：　　　　　　網 址：
地　　址：台北市中正區重慶南路一段六十一號八樓 815 室
8F.-815, No.61, Sec. 1, Chongqing S. Rd., Zhongzheng
Dist., Taipei City 100, Taiwan (R.O.C.)
電　　話：(02)2370-3310 傳　真：(02) 2388-1990
總 經 銷：紅螞蟻圖書有限公司
地　　址：台北市內湖區舊宗路二段 121 巷 19 號
電　　話:02-2795-3656 傳真 :02-2795-4100　　網址：
印　　刷：京峯彩色印刷有限公司（京峰數位）

定　　價：200 元
發行日期：2020 年 01 月第一版
◎ 本書以 POD 印製發行